KRÖNERS TASCHENAUSGABE

BAND 198

EPIKUR
PHILOSOPHIE DER FREUDE

Eine Auswahl aus seinen Schriften
übersetzt, erläutert und eingeleitet

von

JOHANNES MEWALDT

ALFRED KRÖNER VERLAG STUTTGART

von Ursula Hönicke
geschenkt

ISBN 3.520.19805.3

Gesamtherstellung: Graphischer Großbetrieb Friedrich Pustet, Regensburg

Inhalt

EINLEITUNG

I

Voraussetzungen

Ehe Epikur das Werk seines Lebens, seine Weltanschauung, schuf, hatte das hellenische Volk im Schrifttum bereits eine 500jährige Geistesgeschichte durchmessen. Und wie sich im politischen Leben ein Wandel nach dem anderen vollzogen hatte, wie sich an die Stelle des mythischen Königtums in den nunmehrigen Stadtstaaten die Aristokratien verschiedenen Gepräges gesetzt hatten, wie gegen sie alsdann Tyrannenherrschaften gegründet waren und diese wiederum von den Demokratien abgelöst wurden, so waren auch immer neue Weltanschauungen auf den Plan getreten und hatten für ihre Gültigkeit und Herrschaft gekämpft. Mit ihnen allen mußte Epikur sich von Anbeginn und weiterhin auseinandersetzen, wenn er den eigenen Weg finden und innehalten wollte, um ihn den anderen zeigen zu können.

Aus den Zeiten des Königtums stammte die heroische Weltanschauung, die Homer, selbst schon ein Stadthellene, in der „Ilias“ aus der Tradition seines Volkes für die vornehmen und reichen Herren seiner Zeit und deren Gefolgschaft im 8. Jhdt. v. Chr. gestaltet hatte. In diesem Epos und in allen den vielen anderen, die seiner Weise folgten, lebte jene Götter- und Heldenwelt, die den aristokratischen Führern der damaligen Staatsform des Stadtstaates, der Polis, Glaube und Vorbild war, weil sie ihre eigene Herkunft von ihnen ableiteten. Genau so wie die Helden dieser Epen, ein Achilleus, Odysseus, Herakles und die unzähligen anderen, sich göttlichen Ahnenblutes rühmen und sich darum stets der helfenden, aber auch der hemmenden Nähe der Götter bewußt sind, so fühlten sich auch diese vornehmen Nachfahren bei all ihrem Tun, Gelingen und Mißlingen, von Göttern geleitet. Und wie sich jene Helden der Vorzeit ihre Götter nach ihrem eigenen Wesen, also von kriegerischer Art gedacht und gebildet hatten, so wurden diese Götter des Olympos, der Meere und der Erdentiefe von den Adligen der Polis übernommen: denn auch ihnen lag das Kämpferische im Blute und lebte sich in Kriegen, Eroberungen, im politischen Kampfe und in sportlichen Wettkämpfen voll und kräftig aus. Den Göttern baute man die schönsten Wohnungen in der Stadt, Tempel; ihnen, den Allgegenwärtigen und Allwissenden, brachte man Opfer und Gebete dar, um sich ihrer Gunst zu versichern und ihren Zorn abzuwenden. Denn Glück, Ruhm, Ehre, Besitz, Genuß hat nur auf dieser blühenden Erde, unter diesem leuchtenden Himmel Platz: mit dem Tode sinkt man zu einem jämmerlichen Schattendasein in den dunklen Hades.

Da die aristokratische Herrenschicht bis in die Zeit eines Perikles, also bis in die 2. Hälfte des 5. Jhdts., in den Poleis die Führung größtenteils behielt, blieb dieser Glaube bestehen: er blieb die Religion der Väter, an der die breite Masse des Volkes ebenfalls seit alters festhielt, weil die Tempel und Altäre überall vor Augen standen und die Festfeiern zu Ehren der Götter das ganze Volk, hoch und niedrig, immer und nicht zum wenigsten in der demokratischen Staatsform zusammenführte und zusammenband. Der Fries des von Perikles erbauten Parthenon auf der Akropolis von Athen zeigt in seinem panathenaischen Festzuge ein Bild des gesammelten Volkes, wie es in allen hellenischen Städten bei den ortsüblichen Festen mit ihren gemeinschaftlichen Freuden oftmals im Jahre erlebt werden konnte, sei es bei der Ehrung der obersten Stadtgottheit oder der Olympier überhaupt oder bei dionysischer Festeslust. Politisches und religiöses Leben stehen ja nicht getrennt oder gar im Gegensatz, sondern bilden hier eine unzerstörbare Einheit.

Auch Epikur, als Mensch erst des 4. Jhdts., sah sich von diesem politisch-religiösen Leben und seinen Ausstrahlungen, dem bildnerischen wie dichterischen Erbgute seines Volkes, in seiner Jugend und späterhin überall umgeben und hatte sich mit ihm auseinanderzusetzen.

Aber schon 150 bis 200 Jahre nach der Schöpfung der „Ilias" durch Homer hatten kühne Denker in den jonischen Städten Kleinasiens, Siziliens, Unteritaliens und des Nordrandes der Ägäis die k o s m o l o g i s c h e Weltanschauung begründet, deren vielfältige, wenn auch gleichgerichtete Formen Epikur in den Büchern dieser Philosophen vorlagen. Seit den Milesiern Thales, Anaximander und Anaximenes, über Pythagoras, Heraklit, Xenophanes und Parmenides, Anaxagoras und Empedokles bis zu Demokrit lag eine Fülle großartiger, in sich geschlossener Welterklärungen vor aller Augen und forderte den Erkenntnistrieb des erwachenden philosophischen Geistes Epikurs zum Nachdenken und Nachprüfen heraus.

Die ganze Welt der sichtbaren Dinge und Vorgänge aus feststellbaren Urstoffen entstanden und nach ergründbaren Gesetzen sich wandelnd: ein tief aufregender Gedanke! Der Mensch selbst ein Teil dieses ewig in sich pulsierenden Ganzen, den gleichen Kräften und Gesetzen unterworfen, ebenfalls in den Strom geheimer Naturkräfte gerissen, die nicht persönlich gestaltet wie die Götter Homers und der Volksreligion dennoch göttlich erschienen: war hiermit die Wahrheit wie über den Kosmos so über uns selbst gefunden? War das alles aus einem unendlichen Urstoff, Wasser oder Luft oder Feuer und durch deren Verdünnung oder Verdickung entstanden? Oder waren etwa 4 Urelemente – Feuer, Luft, Wasser, Erde – und anziehende bzw. abstoßende Kräfte anzunehmen, die immer neue Gebilde hervorbringen? Gab es gar von Anfang an gleich oder ähnlich geartete Ur-Teilchen, die sich jeweils mit den passenden zur Bildung von Erde, Stein, Wasser, Kraut, Blut, Fleisch, Knochen zusammenfanden? Immer tiefer war das Denken zu solchen kleinsten Urbestandteilen bereits vorgedrungen, bis zuletzt der kühne Demokrit aus Abdera im Verein mit seinem Lehrer Leukipp die nicht mehr weiter teilbaren Urkörperchen, die Atome, wie er sie deshalb nannte, als letzten Ursprung alles Sichtbaren angesetzt hatte.

Epikur, der alle diese philosophischen Weltsysteme kennenlernte und kritisch aufs neue durchdacht hatte, entschied sich für die verwegenste und radikalste Lösung, den Atomismus des Demokrit. –

Jedoch eben damals, als Demokrit seinen Gedankenbau aufführte, in der 2. Hälfte des 5. Jhdts. v. Chr., erfolgte im Denken des hellenischen Volkes ein Umbruch – wenn man will, ein Rückschlag – durch die anthropozentrische Lebens- und Weltansicht der Sophisten. Protagoras, der etwas ältere Landsmann Demokrits, wandte sich gegen die Ansicht der Kosmologen, daß der Mensch nichts weiter sei als ein Teilchen des ungeheuren Kosmos. Sein Selbstgefühl, das ihn mit dem urhellenischen Drange nach Betonung der eigenen Persönlichkeit verband, lehnte das bescheidene Zurücktreten des Individuums, wie es wissenschaftlicher Forschung eigen und notwendig ist, energisch ab, und gleichen Sinnes wie der ebenfalls jonischem Volkstum entsprossene Sizilier Gorgias stellte er vielmehr den Menschen als Einzelpersönlichkeit in den Mittelpunkt alles Geschehens. Von diesem Zentrum, dem Ich, her die Welt, Götter, Menschen und Dinge zu bewerten und das Leben zu meistern, erschien ihm und seinen begeisterten Anhängern Sinn und Ziel des Daseins. Glück, Ruhm, Besitz, Macht gewannen aufs neue ihren Wert, nicht mehr in dem, wie ihnen schien, engen Sinne des kriegerischen Mannes, sondern in dem des Übermenschen.

Ein verführerischer Klang schlug von hier an das Ohr Epikurs und regte seine nach Glück und Geltung verlangende Seele mächtig auf. Aber war das Glück auf diesem Wege zu gewinnen? Hatte nicht schon Sokrates, wie die Schriften seiner Schüler zeigten, in immer erneutem Angriff die sophistische Stellung als unhaltbar erwiesen?

War nicht in der Schule der Kyniker, in Antisthenes und seinen Gesinnungsgenossen, jenem sonderbaren Gemisch von Sophistik und Sokratismus, der glücksuchende Individualismus, die Anthropozentrik, in das Gegenteil umgeschlagen, in Bedürfnislosigkeit, geboren aus Verachtung jeglicher äußerer Einflüsse geistiger oder materieller Art? Waren nicht diese mit ihrer Ärmlichkeit prunkenden, nur mit Mantel, Knotenstock und Ranzen versehenen Wanderredner zu Affen des Herrenmenschentums herabgesunken? Etwas Richtiges schien hier in falsche Bahnen gelenkt zu sein. –

Und da war noch einer, ein ganz Großer, mit dem Epikur innerlich ringen mußte, ehe er seinen Weg gehen konnte: Platon, Athener wie er selbst, der Gründer der Akademie und der erhabensten und umfassendsten Weltansicht, die bis dahin erstanden war.

Im Jahre 347 v.Chr. war Platon gestorben, wenige Jahre später wurde Epikur geboren. Alles geistige und seelische Gut des hellenischen Volkes in sich sammelnd und wägend, den Einfluß seines Lehrers Sokrates nie verleugnend, war Platon von Jahrzehnt zu Jahrzehnt immer höher in eine neue Weltansicht emporgewachsen, die ein letztes Erreichbares menschlichen Denkens darzustellen schien: eine philosophisch begründete religiöse Weltanschauung.

Zwei Welten, eine sinnliche, diesseitige, in unaufhörlichem Werden und Vergehen begriffene körperliche und eine geistige, jenseitige, in ewigem Sein unveränderliche seelische, waren da voneinander geschieden und doch wieder durch die unsterbliche menschliche Seele miteinander verbunden. Der Mensch, zwar beiden Welten zugehörig, aber doch in seiner Seele erfüllt vom einstigen Anblick des überhimmlischen Raumes und des ewigen, göttlichen Seins, hat die Aufgabe und auch die Anlage, seine Seele in diesem Leben vom Makel niedriger Unsittlichkeit rein zu erhalten und für den Wiedereintritt in die göttliche Sphäre fähig zu machen. Denn auf den höchsten Gott, den gütigen Schöpfer dieser vollkommensten aller möglichen Welten, müssen wir Menschen, so weit wir von ihm im Leibe auch entfernt sind, doch unser ganzes Sinnen und Handeln richten. Dies vermag nicht die überlieferte Religion des Volkes, sondern nur eine geläuterte Vorstellung zu leisten, die in der Gottheit nicht nur ein ewiges und glückseliges Wesen sieht, sondern auch das vollkommenste, das gütigste und das gerechteste. Alle Erziehung der Jugend hat diesem Gedanken zu dienen, und als ein wirklicher Staat hat nur der zu gelten, der in seiner ganzen Ordnung und in der Gesinnung seiner Bürger die göttlichen Ideen, das Gute, das Gerechte und jegliche Sittlichkeit, zum Maßstabe setzt und zu verwirklichen trachtet.

Auch diese Weltansicht gehörte zu den Voraussetzungen, denen sich Epikur gegenüber sah, als er das Werk seines Lebens begann.

II.

Leben und Schriften

Reiner attischer Herkunft, aus einem, wie zuverlässig berichtet wird, alten Adelsgeschlechte, wurde Epikuros als Sohn des Neokles und der Chairestrate im Januar 341 v. Chr. geboren, nicht in Athen, sondern auf der jonischen Insel Samos, wo sein Vater etwa zehn Jahre vorher als attischer Umsiedler einen landwirtschaftlichen Betrieb übernommen hatte[1]. Es war die auch wirtschaftlich schwere Zeit, in der sich der Kampf zwischen dem von Demosthenes geführten Athen und König Philipp von Makedonien zuspitzte; drei Jahre nach Epikurs Geburt, 338, wurde die Koalition der Hellenen bei Chaironeia vernichtend geschlagen. Epikur wuchs heran inmitten einfacher Ländlichkeit unter der Obhut seiner Eltern, denen er zeitlebens innige Dankbarkeit erzeigt hat, und mit drei Brüdern, die später seine Anhänger wurden. Schon mit 14 Jahren offenbarte er eine starke geistige Regsamkeit. Daher sandte ihn der Vater, der selbst Schule hielt und sicherlich das geistige Wachstum seiner Söhne sorgsam beobachtete, jetzt, da ein Studium

---

[1] Unsere Hauptquelle für das Leben und die Schriften Epikurs ist die Darstellung des Diogenes Laertios (um 230 n. Chr.) im 10. Buche der Philosophenbiographien, abgedruckt bei H. Usener, Epicurea, 1887, S. 359ff. Vgl. auch den ausgezeichneten Artikel „Epikuros" von Hans v. Arnim bei Pauly-Wissowa, Real-Encyklopädie d. class. Alt. wiss., 11. Halbbd., 1907, Spalte 133ff.

bei dem Platoniker Pamphilos auf Samos unbefriedigend blieb, in das nördlich von Samos an der kleinasiatischen Küste gelegene Teos zu dem Demokriteer Nausiphanes. Ihn hörte Epikur einige Jahre, bis er 323 zur Ableistung seines militärischen Ephebenjahres nach Athen ging.

Als er von dort zurückkehrte, fand er die Seinen nicht mehr auf Samos vor. Der Vater hatte nach dem erneuten Niederbruche, den die Erhebung Athens gegen Makedonien nach dem Tode Alexanders des Großen erlitten hatte, seinen Landsitz verloren und war 322 nach Kolophon, einer ebenfalls jonischen Stadt in Kleinasien, ausgewandert. Dort vollendete sich Epikurs innere Entwicklung.

Das überlieferte Schrifttum, in das er sich versenkte, und das ihn umflutende Leben zeigten ihm die Geistesgeschichte und die Geisteslage seines Volkes. Die heroische Weltansicht der großen Zeit, ihrer Dichter, bildenden Künstler und politischen Führer, war längst niedergegangen und lebte in den alten religiösen Gebräuchen des Volkes nur noch matt und träge weiter. Die Kosmologen hatten die widersprechendsten Welterklärungen verkündet. Die Bewegung der Sophisten war zerronnen, übrig geblieben waren nur ihre stilistischen Leistungen, die Rhetorik; aber auch sie hatte ihren Wert in den zentralistisch regierten Königreichen nach dem Untergange der freien hellenischen Polis verloren. In Athen blühten die Schulen Platons, der sechs Jahre vor Epikurs Geburt gestorben war, und seines Schülers Aristoteles, der sein Leben im Jahre 322 beschloß, in einem auserwählten Kreise weiter. In Kyrene, jetzt zum ägyptischen Königreiche gehörend, verkündete die von

Aristippos in der ersten Hälfte des Jahrhunderts gestiftete Schule der Hedoniker weiterhin die Lust als letzten Zweck des Lebens, versank aber angesichts der Nichterfüllung dieses Zieles nicht lange darnach in reine Negation und in Pessimismus. Von Land zu Land zogen die Kyniker als groteske Weltverbesserer umher, alles bekrittelnd, was das Leben liebens- und lebenswert macht.

Es ist begreiflich, daß innerhalb dieses ganzen Wirrwarrs, der durch die ständigen Kriege der Machthaber und das daraus erwachsende Elend noch vergrößert wurde, ein selbständig suchender Geist nach einem neuen festen Punkt ausspähte, von dem aus sich ein neuer Weg des Lebens, eines Glückes in tiefer Stille, frei von Unruhe und Ängsten, für die Menschen finden ließe. Die wilden Stürme des Geschehens hätte damals nur ein hartes, ja verhärtetes Herz bewältigen können. Ein heroischer Sprung in die Politik verbot sich ohnehin von selbst, denn es regierte das Schwert! Und, nirgends verwurzelt, von Land zu Land zu wandern wie die Sophisten und die Kyniker, dagegen sträubt sich in Epikur ganz gewiß seine Herkunft aus ländlichem Bereich und vielleicht auch sein echt attisches Wesen; denn die Athener sind seßhafte Menschen, wir sehen das am stärksten ausgeprägt an dem typischen Athener Sokrates.

So blieb für Epikur, worauf ihn sein bisheriger Lebensgang und die innere Berufung wiesen, als sichtbares Ziel nur das Leben eines philosophischen Menschen, aber innerhalb einer eng verbundenen Gemeinschaft, wie sie in der pythagoreischen oder platonischen und aristotelischen Schule vorgezeichnet war. Denn obwohl seine philosophischen Überzeugungen völlig andere waren, konnte Epikur doch nur in einem solchen oder ähnlichen Kreise für Kopf und Herz seine volle Befriedigung finden. Wir kennen sein Wesen gut genug, um das genau zu wissen.

Nachdem Epikur schon seit 310, wenig mehr als 30 Jahre alt, in Mytilene und Lampsakos, also immer noch im kleinasiatischen Gebiete, Schüler um sich gesammelt hatte, konnte er es 306 wagen, wieder in seine Vaterstadt Athen überzusiedeln. Bisherige Schüler folgten ihm dorthin, und es ist kein Zweifel, daß Wohlhabende unter ihnen die Beträge zusammengebracht haben, die es Epikur möglich machten, ein größeres Grundstück zu erwerben, auf dem außer Wohngebäuden und Gemeinschaftsräumen auch ein auffallend schöner Garten angelegt war. Dieser Teil des Besitzes erschien mit Recht für die Sinnesart und Vorliebe der neuen Gemeinschaft und ihres Stifters so bezeichnend, daß sie im Volksmunde bald „Die Philosophen vom Garten" hießen.

Hier hat Epikur lehrend und seine sehr zahlreichen Werke verfassend 36 Jahre hindurch gewirkt, inmitten einer großen Schülerschar, die ihn fast wie einen Gott verehrte. Zu ihr gehörten außer den Gattinnen der Mitglieder auch andere Frauen und sogar Sklaven. Im 72. Lebensjahre starb er 270 nach kurzem Krankenlager an einem überaus schmerzhaften Leiden, über das ihn, wie er in einem mehrfach erhaltenen ergreifenden Abschiedsbriefe an seine engsten Freunde ausspricht, das Bewußtsein hinweghob, der Menschheit durch seine Philosophie einen Dienst erwiesen zu haben. Die Schule hat in ununterbrochener, noch kenntlicher Folge der

Schulhäupter jahrhundertelang fortbestanden und die Lehren des Meisters treu und streng bewahrt.

Es ist ein schon im Altertum verbreiteter, nicht auszurottender Irrtum, daß ein Epikureer ein Genießer und Prasser sei, ein Wollüstling und raffinierter Egoist. Genau das Gegenteil ist der Fall. Es wird am besten sein, eine aus dem Altertum selbst stammende Richtigstellung, die von vorzüglicher Kenntnis zeugt, übersetzt wiederzugeben[1].

„Dem Manne stehen hinlängliche Zeugen seiner unübertrefflich edlen Sinnesart gegenüber allen Menschen zur Seite: seine Vaterstadt, die ihn mit Bildnissen aus Erz ehrte; seine Freunde, so zahlreich, daß man sie nicht einmal nach ganzen Städten zählen könnte; seine Anhänger, die alle durch seine bezaubernden Lehren gefesselt wurden, mit Ausnahme von Metrodoros aus Stratonikeia, der zu Karneades überging, aber durch seine unübertreffliche Güte tief beschämt wurde; die Schulfolge, die, während fast alle anderen Schulen sich verloren, immer weiter dauerte und ungezählte Schulleitungen, eine nach der anderen, aus seinen Anhängern ablöste; seine Dankbarkeit gegenüber seinen Eltern; seine Wohltätigkeit gegenüber seinen Brüdern; seine Milde gegenüber seinen Sklaven, wie sie aus seinem Testamente hervorgeht und aus der Tatsache, daß sie sogar mit ihm zusammen philosophierten, unter denen Mys am meisten bekannt wur-

[1] Sie steht bei Diogenes Laertios in der Epikurbiographie § 9ff., verrät aber schon durch ihren gepflegten Stil einen weit älteren Ursprung.

de; und überhaupt sein liebevolles Verhalten gegenüber allen Menschen. Denn die Art seiner frommen Scheu gegenüber Gottheiten und seiner Liebe zu seiner Heimat ist unaussprechlich: hat er doch aus Übermaß an Gerechtigkeitssinn sich auch nicht mit Politik befaßt. Und obwohl damals die schlimmsten Verhältnisse das hellenische Mutterland bedrückten, hat er dort sein Leben zugebracht und hat nur zwei- oder dreimal die Gegenden des jonischen Kleinasien durchreist zum Besuche seiner Freunde, die aus allen Himmelsrichtungen zu ihm kamen und mit ihm in dem Garten zusammenlebten in sparsamster und einfachster Lebensweise ... So war der Mann, der die ‚Lust' als Lebensziel verkündete!"

Zwei Zeugnisse Epikurs selber mögen das bekräftigen. Zuerst sein Brief an ein Kind (Fragment Nr. 176 bei Usener, Epicurea):

„Wir sind in Lampsakos gesund angekommen, ich, Pythokles, Hermarchos und Ktesippos, und trafen dort Themista und die übrigen Freunde gesund an. Auch du tust gut daran, wenn du gesund bist und deine Mama, und wenn du dem Papa und dem Matron in allem folgsam bist wie bisher. Denn wisse wohl, der Grund, weshalb ich und alle anderen dich so sehr lieb haben, ist, weil du ihnen in allem so folgsam bist."

Pythokles, Hermarchos und Ktesippos sind bekannte Schüler Epikurs, Hermarchos wurde sein Nachfolger in der Leitung der Schule; Matron ist ebenfalls ein Epikureer, sicherlich ein Freund des Hauses, dem das Kind angehörte.

Ferner Epikurs Brief an seinen Freund Idomeneus, geschrieben auf dem Sterbebette (Frgm. 138 Us., womit Fr. 122 zu vergleichen ist):

„Indem ich den glückseligen Tag meines Daseins erlebe und zugleich beende, schreibe ich euch dies. Harnzwangbeschwerden folgen einander und Durchfallschmerzen, die keine Steigerung in ihrer Stärke übrig lassen. Doch entgegen tritt all dem in meiner Seele die Freude über die Erinnerung an alle mir gewordenen Erkenntnisse. Bitte, sorge in einer Weise, die deines von Jugend an bewiesenen Eintretens für mich und die Wahrheit würdig ist, für die Kinder unseres Metrodoros."

Ein gleichlautendes Schreiben ist an Hermarchos gerichtet. Der Sterbende hat also die kurzen erschütternden Zeilen diktiert und sie zu gleicher Zeit an mehrere seiner nächsten Freunde als letzten Gruß gesendet.

Unter Epikurs Schriften ragte sein Hauptwerk „Die Natur"[1], das in 37 Buchrollen alle Fragen des Systems umfaßte, weit empor. Der Meister hat es stückweise herausgegeben; denn manches philosophische Problem war in ihm wiederholt behandelt. Nur Teile davon sind erhalten durch den Zufall, daß sich bei den Ausgrabungen in der durch den Vesuv i. J. 79 n. Chr. verschütteten Stadt Herculanum eine Bibliothek epikureischer Schriften fand, freilich zum großen Teil in einem durch die Glut der Lava verkohlten Zustande.

Überhaupt verdanken wir die Erhaltung epikureischer

---

[1] Περὶ φύσεως. Das griechische Wort „Physis" bezeichnet in diesem Falle die gewachsene, entstandene Welt.

Schriften, sei es des Meisters selbst oder anderer Schulangehöriger und Anhänger, stets nur einem Zufall. Kein Wunder, denn gegen keine andere Schule, ihre Lehre und ihre Schriften, ist seit dem Altertum so gewütet worden wie gegen diese. Es ist ein wahrhaft glücklicher Zufall, daß Diogenes Laertios bei Abfassung seiner Epikurbiographie auf den Gedanken kam, vier kleine Schriften des Meisters, darunter drei Briefe an Schüler, vollständig und wörtlich mitzuteilen:

1. den Brief an Herodotos, Abriß der gesamten Physik des Systems,
2. einen Brief an Pythokles, Erklärung der Himmelserscheinungen,
3. einen Brief an Menoikeus, die Ethik, und
4. vierzig Leitsätze der epikureischen Lehre in Aphorismenform[1].

Dazu treten die zahlreichen, in Useners stattlichem Bande der Epicurea vereinigten Berichte und Zitate, die von antiken Schriftstellern, Griechen wie Römern, stammen. Ferner die ebenfalls durch die herculanensischen Papyri zufällig lesbaren griechischen Schriften des Polystratos (um 230 v. Chr.) und des Philodemos (aus der Zeit Ciceros). Weiterhin die monumentale Wandinschrift, die der Epikureer Diogenes von Oinoanda (Lykien) um 200 n. Chr. seiner Vaterstadt zur Zierde und zum Nutzen setzen ließ, ferner polemische Arbeiten Plutarchs, außerdem die Vorträge epikureischer Spre-

---

[1] Die Forschung neigt jetzt, entgegen früheren Zweifeln, mit Recht mehr und mehr dazu, alle diese vier Schriften, auch die 2. und 4., als echte Arbeiten Epikurs selber anzusehen.

cher in den Dialogen Ciceros und vor allem das geniale Gedicht „De rerum natura“ des T. Lucretius Carus, dessen Herausgabe aus dem Nachlasse des Dichters der einsichtsvollen Fürsorge der beiden Brüder Cicero verdankt wird. Alles in allem besitzen wir damit Material genug, um Epikurs Lehre genauestens und umfassend wiederherstellen zu können.

III.

Weltanschauung

Epikurs Lehre ist eine Philosophie der Freude. Diesem Ziele dient all sein Denken, in ihm schließen sich alle einzelnen Stücke und Gruppen seiner Gedanken zu einer festgeschlossenen Einheit zusammen. Selbst wenn man, wie es schon im Altertum geschehen ist, drei große Teile seines Systems unterscheidet: die allgemeine Naturlehre (Physik), die Erkenntnistheorie (Kanonik) und die spezielle Glückslehre (Ethik), so greift doch überall eines ins andere und ist isoliert sinn- und zwecklos. Ein unlösliches Ganzes von Erkenntnissen und Weisungen wird auf einen einzigen Mittelpunkt bezogen: das Ich des Menschen, dessen vollkommener Glückszustand, die Eudämonie, begründet werden soll.

Ist es Aufgabe der Philosophie, das Leben überhaupt

möglich zu machen, so hat Epikur diese Aufgabe mit voller Klarheit und größtem Ernst ergriffen. Und da wir sehen, daß jedes Lebewesen instinktiv richtig[1] nach dem ihm gemäßen Daseinszustand strebt, in dem es die möglichst größte Fülle des Lebens genießt, kann Philosophie oder Physiologie, wie Epikur gern sagt, d.h. Betrachtung und Ergründung der Natur, nur das Ziel haben, auch dem Menschen die größtmögliche, ruhigste und ungetrübteste Freude (ἡδονή) des Daseins zu deuten und den Weg zu ihr aufzuzeigen. Diese ἡδονή (hedonē) ist nun nicht etwa eine grobsinnliche „Lust" oder gar Wollust (gegen ein solches Mißverständnis seiner Lehre nimmt Epikur heftig Stellung), sondern völlige Schmerzlosigkeit im Bereiche des Leibes und völlige Beruhigung im Bereich der Seele. Es ist der ungetrübte Genuß am Dasein selber, das uns doch so viele der schönsten und reinsten Güter darzubieten vermag. Es ist jene immer sich gleichbleibende selig-frohe Glücksstimmung, die von Epikur selber am liebsten mit einer nur leise bewegten, strahlenden Meeresfläche, also mit der Meeresstille (γαλήνη) verglichen wird. Echt hellenisch sieht er in der vollen Gesundheit des Körpers in Verbindung mit der Unerregtheit des Geistes die höchste Lebensform. Sie, als Anfang und Ende des glückseligen Daseins, ist also die klar erkannte, von jedem Einzelnen stets neu zu lösende Aufgabe. Wie aber können wir sie lösen?

Nicht nach jeder beliebigen Freude greift der Epiku-

---

[1] Epikur trat deshalb bedingungslos für die Untrüglichkeit der Sinneswerkzeuge ein, die für ihn die Grundlage seiner gesamten Erkenntnistheorie (Kanonik) war.

reer, vor allem nicht nach einer trivialen und gemeinen. Nicht aus Schmausen und Zechen, so schärft Epikur ein, oder aus unterschiedslosem Liebesgenusse schöpfen wir die erstrebenswerte wahre Freude. Auch auf Reichtum, Ehren und Einfluß ist kein Wert zu legen, und in die Politik mit ihrem ständigen erbitterten Kampf, ihrer zermürbenden Unruhe, ihren unvorhergesehenen Zufällen wird sich der Epikureer nur dann mischen, wenn ein starker Zwang für ihn vorliegt.

Wir bedürfen dieser falschen Freuden und dieser trügerischen Besitztümer, deren Wert uns nur ein nichtiger Wahn vorgaukelt, gar nicht; denn unsere Natur ist mit schlichten Gütern völlig zufrieden. Anstatt in ewiger Besorgnis um Besitz und Ehrenstellen zu leben, sollen wir bei bescheidenen Ansprüchen jene ruhevolle Hochstimmung in uns erzeugen, die aus einem schuldlosen Gewissen, aus dem Bewußtsein, gerecht zu denken und zu handeln, erwächst und die uns jeden neuen Tag, ohne daß wir sklavisch am Leben hängen, als ein beglückendes Geschenk erscheinen läßt.

Wir müssen also die Freuden sorgfältig auswählen, müssen ihren Wert zu unterscheiden wissen und unter ihnen die herausfinden, die unserer persönlichen Eigenart am angemessensten und dienlichsten sind. Mitunter müssen wir erst durch Schmerzen tapfer hindurchschreiten, wenn hinter diesen Schmerzen umso größere und wertvollere Freuden winken.

Die Philosophie Epikurs ist eine bis ins letzte verfeinerte Lebenskunst. Zu ihr wollte der Meister seine Schüler und weiter alle Menschen führen, die mit einem dafür empfänglichen Sinne begabt sind. Jedoch den richtigen, einzigen Weg zu dieser Lebenskunst findet man nur, wenn man die Beschaffenheit der Natur in ihrer Gesamtheit kennt.

Um die gesamte Natur (φύσις = physis) zu erklären, brauchen wir nur zwei Urgründe oder Prinzipien (ἀςχαί) vorauszusetzen: die Atome, die Ur-teilchen (ἄτομοι, σώματα), und das Leere, den Raum (κενὺν, χώφα). Das eine ist vom anderen nicht zu trennen. Die von allem Anfang an bewegten, der Zahl nach unendlichen Atome bedürfen des unendlichen Raumes, um sich zu bewegen, und der unendlich große Raum, der unzählige Welten in sich aufzunehmen vermag, ist ohne die Existenz der körperlichen Atome undenkbar. Die Atome haben zahlreiche Verschiedenheiten, sie unterscheiden sich nach Gestalt und Gewicht, von jeder Gruppe aber gibt es unendlich viele. Allein durch die Verschiedenheiten der Gestalten der Atome und durch die Variation ihrer Schichtung läßt sich die Verschiedenheit aller Dinge im All erklären, durch ihre in alle Ewigkeit unaufhörliche Bewegung aber, die immer neue Atomenverbindungen bewirkt, erklärt sich das nie abreißende Werden und Vergehen.

Die Atome befinden sich nie in Ruhe. Auch in unserem menschlichen Körper und in unserer Seele, die beide, wie alle Dinge in der Welt, ebenfalls aus Atomen bestehen (der Körper aus gröberen, die Seele aus sehr feinen), ist stete Bewegung und unablässige Veränderung. Es werden Atome abgesondert, gehen uns verloren, andere schießen neu an und werden in unseren Bestand aufgenommen. Überwiegt der Verlust an lebenerhaltenden Atomen, beim Menschen genau so wie bei allen anderen

Dingen, ja sogar bei ganzen Welten, dann ist der betreffende Körper dem Zerfall ausgesetzt und immer mehr preisgegeben. Wird die Verbindung und Verflechtung solcher Atome dann durch die Einwirkung anderer Atomenmassen gar zerrissen, so löst sich dieser Körper in seine Atome auf. Beim Lebewesen sagen wir dann, es stirbt. Die Atome selbst aber gehen nicht zugrunde, sondern werden, nachdem sich ihre bisherige Verbindung gelöst hat, zum Aufbau anderer, neuer Dinge und Lebewesen verwendet. So stehen Leben und Tod, Entstehen und Vergehen in ewiger Wechselwirkung.

Da auch unsere Seele aus Atomen besteht, zerfällt sie ebenso wie unser Körper durch unseren Tod in ihre Bestandteile. Darum kann es nach dem Zerfall des Organismus ein individuelles Fortleben der Seele nicht geben. Es gibt keine Unsterblichkeit (ἀθανασία) der Seele. Dieser Erkenntnis müssen wir unerschrocken ins Auge sehn. Nach unserem Tode bleibt von uns nichts weiter übrig als die zerstreuten, auseinanderflatternden Atome, die wieder Aufbaumaterial sind für andere Organismen. Mit dem Tode ist für uns als Persönlichkeit alles zu Ende. Aber damit fällt auch unsere ganze bängliche Sorge um das Schicksal unserer Seele nach dem Tode hinweg, denn sie kann ja nun nach dem Tode weder belohnt, noch weniger aber bestraft werden. Es gibt kein „Jenseits“.

Epikurs großer Gedanke, auf den er auch selber mit Recht stolz war, bestand nun darin, daß er von dieser unabänderlichen und zuerst vielleicht erschreckenden Feststellung aus mutig den Weg zur Philosophie der Freude schritt. Denn da wir nur ein einziges Mal geboren werden, da also zweimal zu leben niemandem gewährt ist, da wir eine ganze volle Ewigkeit hindurch nicht mehr sein müssen, sobald wir gestorben sind, so stellt sich dieses einmalige Leben selbst als eine ungeheure Aufgabe vor uns hin. Um ihr gerecht zu werden, d.h. um die höchste Glückseligkeit und Freude zu erringen, müssen wir alle in uns ruhenden, von der Natur selber uns verliehenen Kräfte, vor allem die des Geistes, mobilisieren. Die Bahn ist frei. Der Tod ist kein Schrecknis mehr; er ist ein Nichts für uns. Denn was in seine Bestandteile aufgelöst wird, hat keine Empfindung mehr; was aber keine Empfindung mehr hat, geht uns nichts mehr an. Der Tod ist Aufhebung jeglicher Empfindung gleicherweise von Angenehmem wie von Unangenehmem, Frohem und Schmerzlichem. Wenn wir da sind, ist der Tod nicht da, und wenn der Tod da ist, sind wir nicht mehr da.

So, in immer neuen scharfen Schlußfolgen hat Epikur dem Tode die Gewalt über den Menschen entrissen. Und in engstem Zusammenhang damit steht sein Kampf gegen ein anderes, fälschlich vorgestelltes Schreckensbild: die Furcht vor Göttern, vor ihrem Zorne und vor ihren Strafen, die uns im Leben wie nach dem Tode bedrohen könnten. Auch diese Angst, die dem Menschen in allem Tun die Freude vergiftet, die seine Seelenstille immer wieder stört und vernichtet, ist völlig unbegründet.

Epikur hat das Vorhandensein von Gottheiten keineswegs geleugnet. Aus dem Traumerlebnis, das uns überirdisch schöne und machtvolle Gestalten nie geschauter Wesen zeigt, leitete er die Annahme der Existenz von Göttern ab. Da er jedoch als Wesensart einer Gottheit außer ihrer Unvergänglichkeit eine niemals getrübte Glückseligkeit ansah, mußte er zu der Überzeugung kommen, daß Götter, weil sie frei sind von Gemütsbewegungen, also vor allem von Gunst- und Haßgefühlen, keinesfalls Einfluß nehmen auf unser Menschenleben. Sie belohnen niemand und sie bestrafen niemand, sie bekümmern sich gar nicht um uns, sie haben auch nicht teil an dem unaufhörlichen Auf und Ab des kosmischen Werdens und Sterbens, sondern sie leben in voller Leidenschaftslosigkeit und Unveränderlichkeit in den Räumen zwischen den Kosmen, in den „Metakosmien" (lateinisch „Intermundien"). Epikur hat sie also mit zarter Hand aus dem Menschenleben ausgeschaltet und damit ihrer Furchtbarkeit gänzlich entkleidet. Eben dies war des Meisters Absicht, der damit auch das zweite Schrecknis, die Drohungen der Priester mit dem Zorne einer Gottheit, aus dem Leben von uns Menschen verbannt hatte.

So hat Epikur dem Menschen, der seiner Lehre mit klarer Einsicht folgt, die volle Selbstentscheidung gegeben, um zu seinem Glücke zu gelangen. Der Epikureer wird vernunftvoll und gerecht leben und darum freudevoll. Denn freudevoll zu leben, ist nicht möglich, wenn man nicht gerecht und edel und vernunftvoll lebt, aber man kann umgekehrt auch nicht gerecht und edel und vernunftvoll leben, wenn man nicht freudevoll lebt. Ein nach den Weisungen der Natur vernunftgeleitetes Leben ist zugleich auch ein glückvolles. Es wird ein Leben in stiller Zurückgezogenheit sein (λάθε βιώσας), ein Leben ohne überquellende Gier und Leidenschaft, ohne Ehrgeiz, ohne Verstoß gegen die Interessen eines anderen und ohne jede Verletzung der Gesetze. Denn die Gesetze sind für den Weisen nicht dazu gegeben, daß er kein Unrecht tue, sondern dazu, daß er kein Unrecht erleide.

So baut sich der Epikureer nach den Weisungen seines Meisters das Leben und sein Glück täglich neu. Er wird darin nichts dem Zufall überlassen, denn es gibt für ihn kein unabänderliches „Schicksal". Wir haben die Zukunft selber in der Hand, weil wir sie mit unserer Vernunft gestalten können; wir haben sie aber auch wieder nicht völlig in der Hand, weil uns Irrtümer unterlaufen können, so sehr wir sie auch zu vermeiden suchen und vermeiden können.

Mit allen diesen Mitteln aber gewinnen wir den Standpunkt unserer persönlichen Autarkie, der Epikur eine große Bedeutung beimißt. Nicht einer Selbstgenügsamkeit im Sinne der Kyniker, die im bewußten Entbehren und im selbstgewählten Ertragen von Mühsalen besteht, sondern einer positiven Verselbständigung und Vervollkommnung der eigenen Persönlichkeit mit Einschluß aller der äußeren und inneren Güter, die zuverlässig und dauernd wertvoll sind, weil sie die stete Heiterkeit des Gemütes verbürgen und unser eigenes Menschentum veredeln und erhöhen. Wer so die Lehren Epikurs befolgt und sie sich ganz zu eigen macht, wird nach dem Ausspruche des Meisters leben wie ein Gott unter den Menschen; denn es gleicht in keiner Weise mehr sterblichen Wesen ein Mensch, der in unsterblichen Gütern lebt.

Es ist eine anthropozentrische Weltanschauung, die wir hier einheitlich durchdacht und ausgeprägt vor uns sehen. Aber der Epikureer sondert sich keineswegs etwa gänzlich von seinen Mitmenschen ab; er sucht vielmehr Gleichdenkende an sich heranzuziehen und seelisch mit sich zu verknüpfen. In edler, hochgestimmter Gemeinschaft mit ihnen sucht er seine Eudaimonie zu steigern. Daher im Kreise Epikurs und seiner Gemeinden, die er überall gegründet hat und mit denen er durch Gemeindebriefe und persönliche Besuche in Verbindung blieb, die überaus starke Bewertung der Freundschaft. Sie ist für den Epikureer ein hohes, köstliches Gut. Die Freundschaft umtanzt den ganzen Erdkreis und verkündet uns allen laut, wir sollen erwachen zur Glückseligkeit – so lautet ein Wort des Meisters. Weit davon entfernt, ein Egoist zu sein, neigt sich der Epikureer seinen Freunden zu, nicht um von ihnen etwas zu fordern, obwohl er auch dies mitunter tun wird, sondern um ihnen aus reichem, gütigem Herzen zu geben. Schenken kann aber nur, wer innerlich reich ist. Epikur selber war es, und darum wurde er von seinen Schülern und Freunden wie ein Gott verehrt, so wie er selbst bereit war, vor einem Schüler, der den Sinn seiner Lehre vollkommen ergriffen hatte, freudig und dankbar sich zu neigen.

IV.

Fortwirken

Aus dem eben Gesagten läßt sich verstehen, daß die Lehre Epikurs, in der die Lebensform eines wertvollen Menschentypus vorgezeichnet ist, auch nach dem Tode des Meisters die Jahrhunderte hindurch und bis in unsere Gegenwart begeisterte Anhänger gefunden hat. Männer und Frauen sind dem Meister zugeströmt, und seine Schule in Athen, der „Garten", hat bis in die römische Kaiserzeit in ununterbrochener Schulfolge fortgedauert. Und nicht nur Hellenen waren Anhänger seiner Lehre, sondern ebenso zahlreich späterhin und ebenso aufrichtig auch bedeutende Römer. Im 1. Jahrhundert v. Chr., in der ausgehenden römischen Republik zur Zeit Cäsars und Ciceros, war diese Welle besonders stark und mächtig. Damals erstand dem Meister in dem genialsten aller römischen Dichter, T. Lucretius Carus, ein Herold seiner Weltanschauung, der mit seinem sechs Bücher umfassenden, im Hexameter geschriebenen Gedichte „De rerum natura" auf seine eigene Zeit und dann weiter auf das ganze Abendland in stärkstem Maße für die Verbreitung der Lehre gewirkt hat. Die zeitgenössischen Dichter, wie der Kreis des Catullus, werden das von Cicero aus dem Nachlasse des Lucretius herausgegebene Gedicht sicherlich gekannt und als ihrer eigenen Lebensansicht konform begierig ergriffen haben. T. Pomponius Atticus, Ciceros engster Freund, der Verleger seiner Schriften und gewiß auch des lukrezischen Gedichtes, war Epikureer. Cicero selbst stand, obwohl Anhänger der platonischen Akademie, mit hellenischen Epikureern in vertrautem Verkehr. Ganz besonders aber wirkte der Epikureismus, nunmehr besonders auch durch das lukrezische Gedicht, auf die beiden werdenden Dichter der jüngeren Generation, Vergil und Horaz, die beide von ihrer epikureischen Gesinnung noch Zeugnis geben, obwohl sie später unter dem Einflusse der Reform des Reiches durch Augustus von den Ansichten ihrer Jugendzeit sich entfernten. Indessen blühte damals auch noch ein epikureischer Kreis von Hellenen in der Gegend von Neapel, zu dem manche gebildete Römer außer den schon Genannten Beziehungen unterhielten; ist doch dort bei den Ausgrabungen in Herculanum aus der Lava des Vesuvausbruches von 79 n. Chr. eine ganze epikureische Bibliothek wieder aufgetaucht, die auch Werke des Meisters Epikur selbst enthielt.

Überall, so müssen wir uns vorstellen, im hellenischen Osten wie im römischen Westen, gab es nicht wenige Menschen, die auch im 2. und 3. Jahrhundert n. Chr. dem Epikureismus anhingen. Zwei symptomatische Erscheinungen dafür sind jener Diogenes von Oinoanda in Lykien, von dem früher schon gesprochen wurde, und Diogenes Laertios, der das ganze X. Buch seiner Philosophenbiographien mit einem Leben Epikurs füllt und dabei auch einige kürzere Schriften, die unten in Übersetzungen wiedergegeben werden, wörtlich und vollständig mitteilt.

Als dann die Kenntnis der griechischen Sprache im eigentlichen Abendlande mehr und mehr abnahm, war es das Gedicht des Lukrez, das die Lehre wach erhielt. So ist dieses Gedicht in der Karolingerzeit öfters neu abgeschrieben worden in Handschriften des 9. Jahrhunderts, die uns heute noch vorliegen, und aus ihnen hat dann die Renaissance die Kenntnis des Gedichtes überkommen und ihrerseits auf Betreiben seines Wiederentdeckers Poggio in neuen Abschriften seit der ersten Hälfte des 15. Jahrhunderts wiederum weiter verbreitet.

Einen neuen Aufschwung gewann das Studium Epikurs durch die in den Jahren 1647–1655 veröffentlichten Werke des Professors der Philosophie am Collège Royal in Paris, Pierre Gassendi, der auf dem X. Buche des Diogenes Laertios fußend die epikureische Philosophie erläuterte und den Standpunkt des Atomismus gegen den Rationalismus des Descartes verfocht. Man kann annehmen, daß Epikur vornehmlich durch diesen Streit den Gebildeten der folgenden Zeit wieder bekannt und vertraut wurde. Da auch das Gedicht des Lucretius ins Französische übersetzt wurde, war dem Einflusse der atomistischen Welterklärung auf die Geistesrichtung des Zeitalters der „Aufklärung" und namentlich auf die Arbeit der modernen Naturwissenschaften der Weg geöffnet. Auf diesen Wegen ist atomistisches Denken Friedrich dem Großen vertraut geworden.

Unseren klassischen Dichtern ist die Kenntnis des Atomismus ebenfalls durch das Gedicht des Lucretius zugeführt worden. Goethe hat nicht nur das Werden der deutschen Übersetzung seines Freundes von Knebel mit Interesse verfolgt, sondern wollte selbst ein Buch über Lucretius schreiben, wovon Skizzen vorhanden sind.

Dem ganzen 19. Jahrhundert ist diese Weltdeutung allgemein geläufig, durchaus begreiflich in einer Zeit, der die exakte Naturforschung und der Empirismus wissenschaftlicher Methode auf allen Gebieten, die Technik und die Materialisierung aller Bereiche des menschlichen Lebens das Gepräge gaben.

Das Studium der Hinterlassenschaft Epikurs selber wurde durch das Erscheinen der „Epicurea" von Hermann Usener 1887 entscheidend gefördert. Hier setzte eine neue rege Arbeit seitens der Philologen, Philosophen und Übersetzer an. Und wenn auch der moderne naturwissenschaftliche Atomismus einen gewaltigen Fortschritt gewonnen, ja eine Wandlung und Umdeutung in sich selbst hervorgebracht hat, kann das Bewußtsein des Zusammenhanges mit der Leistung Epikurs niemals verloren gehen. Epikurs Philosophie der Freude vollends vermag auch den heutigen Menschen, wie so vielen vor ihnen, Bereicherung und Antrieb, Beglückung und Trost zu schenken.

I.

Brief an Menoikeus

Epikurs Brief an seinen vermutlich noch jungen Schüler Menoikeus enthält in knapper, gedanklich und sprachlich vollendeter Form Epikurs Glückslehre, also die höchste Zielsetzung seines Philosophierens. Sämtliche, zu einem einheitlichen Ganzen ineinanderpassenden Bestandteile der epikurischen Ethik sind hier Schritt für Schritt dargeboten. Ein gewaltiger Schlußsatz faßt alle Punkte noch einmal zusammen.

Die Ziffern von 122–135 bezeichnen hier, wie in den anderen Stücken, die Paragraphenzahlen der griechischen Textausgaben des Diogenes Laertios (Buch X), deren jetzt beste und zugänglichste, nach Useners Epicurea, die von Peter Von der Mühll geschaffene ist (Leipzig, Teubner 1922). Ihre Textgestaltung konnte an strittigen Stellen meistens zugrunde gelegt werden; auf textkritische Diskussion jedoch wurde hier verzichtet.

Die Übersetzung schließt sich überall so eng wie möglich an das Original an, um die Farben des sehr persönlichen epikurischen Stils nicht zu verwischen.

Epikur wünscht seinem lieben Menoikeus Freude! 122

Mit dem Philosophieren soll man getrost schon in der Jugend beginnen, aber im Alter auch nicht müde davon ablassen. Denn um für seine seelische Gesundheit etwas zu tun, ist keiner zu jung oder zu alt, und wer etwa meint, für ihn sei es zum Philosophieren noch zu früh oder schon zu spät, der könnte ebensogut behaupten, der richtige Zeitpunkt für seine Glückseligkeit sei noch nicht da oder schon vorbei. Also, philosophieren muß der junge wie der alte Mensch; dieser, damit er jung bleibt im dankbaren Genuß des Guten, das die Vergangenheit ihm schenkte, und jener, damit er furchtlos in die Zukunft blicken kann und dadurch jung und alt zugleich ist. Freilich muß man sich beizeiten in dem üben, was Glückseligkeit verleiht, denn in ihr besitzen wir alles, und wem sie fehlt, der gibt sich ja doch alle Mühe, sie zu erwerben.

Darum tue Du, was ich Dir ständig anempfohlen 123
habe, und übe Dich darin und sei gewiß, daß es die Grundbedingungen für ein wahrhaft schönes Dasein sind.

Vor allem glaube daran, daß die Gottheit ein un-

vergängliches und seliges Wesen ist – so jedenfalls läßt sich unsere Vorstellung von ihr ganz allgemein umreißen –, und hänge ihr nichts an, was ihrer Unvergänglichkeit zuwiderläuft oder was mit ihrer Seligkeit unvereinbar ist, vielmehr bringe zu ihr nur das in Beziehung, was ihrer mit Unvergänglichkeit gepaarten Seligkeit gemäß ist. Denn Götter gibt es, da wir sie doch offenbar zu erkennen vermögen. Nur sind sie nicht so, wie die große Menge sie sich denkt, denn wie sie sich die Götter vorstellt, so sind sie nicht, und nicht der ist gottlos, der die Gottesvorstellung der Masse beseitigt, sondern wer den Göttern die Ansichten der Masse anhängt. Was die Masse über
124 die Götter aussagt, entspricht nämlich nicht der richtigen Gotterkenntnis, sondern falschen Vermutungen. Aus diesem Grunde sieht sie als Fügung der Götter an, was den Bösen an Üblem widerfährt oder was die Guten fördert. Sie empfindet eben als fremd, was nicht wie sie selbst geartet ist, und läßt sich darum nur Götter gefallen, die ihresgleichen sind.

Ferner gewöhne Dich an den Gedanken, daß der Tod für uns ein Nichts ist. Beruht doch alles Gute und alles Üble nur auf Empfindung, der Tod aber ist Aufhebung der Empfindung. Darum macht die Erkenntnis, daß der Tod ein Nichts ist, uns das vergängliche Leben erst köstlich. Dieses Wissen hebt na-

türlich die zeitliche Grenze unseres Daseins nicht auf,
aber es nimmt uns das Verlangen, unsterblich zu sein,
denn wer eingesehen hat, daß am Nichtleben gar
nichts Schreckliches ist, den kann auch am Leben 125
nichts schrecken. Sagt aber einer, er fürchte den Tod
ja nicht deshalb, weil er Leid bringt, wenn er da ist,
sondern weil sein Bevorstehen schon schmerzlich sei,
der ist ein Tor; denn es ist doch Unsinn, daß etwas,
dessen Vorhandensein uns nicht beunruhigen kann,
uns dennoch Leid bereiten soll, weil und solange es
nur erwartet wird!

So ist also der Tod, das schrecklichste der Übel, für uns ein Nichts: Solange wir da sind, ist er nicht da, und wenn er da ist, sind wir nicht mehr. Folglich betrifft er weder die Lebenden noch die Gestorbenen, denn wo jene sind, ist er nicht, und diese sind ja überhaupt nicht mehr da.

Freilich, die große Masse meidet den Tod als das
größte der Übel, sehnt ihn aber andererseits herbei
als ein Ausruhen von den Mühsalen des Lebens. Der
Weise dagegen lehnt weder das Leben ab, noch fürch- 126
tet er sich vor dem Nichtmehrleben, denn ihn widert
das Leben nicht an, und er betrachtet das Nichtmehr-
leben nicht als ein Übel. Und wie er beim Essen nicht
unbedingt möglichst viel haben will, sondern mehr
Wert auf die gute Zubereitung legt, so ist er auch

beim Leben nicht auf dessen Dauer bedacht, sondern auf die Köstlichkeit der Ernte, die es ihm einträgt.

Wer nun aber verkündet, der junge Mensch müsse ein schönes Leben haben, der alte aber brauche einen schönen Tod, der ist albern, und zwar nicht nur, weil das Leben stets erwünscht ist, sondern auch darum, weil die Übung eines schönen Lebens gleichbedeutend ist mit der Vorübung für ein schönes Sterben. Noch viel minderer aber ist, wer da sagt[1]:

„Schön ist's, gar nicht geboren zu sein, . . .
127 Ist man geboren, aufs schnellste des Hades Tor zu durchschreiten."

Ist dies nämlich seine wirkliche Überzeugung, warum gibt er dann das Leben nicht auf? Das steht ihm ja frei, wenn er es sich fest vornimmt. Redet er aber nur aus Spott so daher, dann gilt er bei denen, die solches Gerede nicht mögen, erst recht als Narr.

Wir dürfen eben nie vergessen, daß die Zukunft zwar gewiß nicht in unsere Hand gegeben ist, daß sie aber ebenso gewiß doch auch nicht ganz außerhalb unserer Macht steht; so werden wir uns weder darauf verlassen, daß eintritt, was wir erwarten, noch werden wir verzweifeln, als könne es überhaupt nicht eintreten.

---

[1] Homer im „Wettkampf Homers und Hesiods", S. 37,7f. (Wilamowitz-Möllendorf), ferner Theognis, Elegien V. 425. 427.

Man muß sich aber auch darüber klar werden, daß von unseren Begierden die einen naturbedingt, die anderen nichtig sind, und daß von den naturbedingten ein Teil notwendig, der andere eben nur natürlich ist, und schließlich, daß von den notwendigen einige zur Erlangung der Glückseligkeit erforderlich sind, andere, um unsere Gesundheit vor Störungen zu bewahren, und wieder andere, um überhaupt leben zu können[1]. Bei unbeirrbarer Betrachtung der Begierden lernt man nämlich, jedes Streben und jedes Meiden für die Gesundheit des Leibes und zur Wah- 128
rung der Seelenruhe zu nutzen, da diese beiden zusammen das glückselige Leben ausmachen. All unser Tun richten wir ja doch nur darauf, keinen Schmerz erdulden und keine Angst empfinden zu müssen. Haben wir aber diesen Zustand erst einmal erreicht, dann schwindet aller Aufruhr aus unserer Seele, da das Lebewesen sich nun nicht mehr gleichsam darauf einstellen muß, was ihm etwa noch fehle, und nichts mehr zu suchen braucht, womit es sein körperliches und seelisches Wohlbehagen erst vollkommen zu machen hätte. Denn nach Freude verlangt es uns nur,

---

[1] Essen und Trinken z.B. sind natürliche Begierden, das Trinken eines Verdurstenden aber ist zugleich eine notwendige. Eine natürliche, jedoch nicht notwendige, die Glückseligkeit aber fördernde Begierde ist z.B. der Genuß feiner Speisen, eine nichtige dagegen ist z.B. die Sucht nach öffentlichen Ehrungen.

wenn wir sie schmerzlich vermissen; empfinden wir aber diesen Schmerz nicht, dann entbehren wir auch die Freude nicht mehr.

129 Darum behaupte ich, daß die Freude das A und O des glückselig gestalteten Lebens ist. Sie kennen wir als unser erstes angeborenes Gut, von ihr lassen wir uns bei unserem Streben und Meiden leiten und nach ihr richten wir uns, alles andere Gut mit ihrem Maßstab messend. Und gerade weil sie unser allererstes, naturgegebenes Gut ist, darum streben wir auch nicht nach jeder Freude, sondern übergehen bisweilen viele, wenn uns von ihnen nur ein desto größeres Unbehagen droht. Ja, viele Schmerzen bewerten wir mitunter sogar höher als Freuden, nämlich dann, wenn auf eine längere Schmerzenszeit eine um so größere Freude folgt. So bedeutet für uns also jede Freude, weil sie an sich etwas Annehmliches ist, zwar gewiß ein Gut, aber nicht jede ist erstrebenswert, wie umgekehrt jeder Schmerz wohl ein Übel ist, aber darum doch nicht unbedingt vermieden werden muß. Unsere Aufgabe ist es, durch Abwägen und
130 Unterscheiden des Zuträglichen und Abträglichen immer alles richtig zu bewerten, denn manchmal bedienen wir uns des Guten gleich wie eines Übels und umgekehrt.

Auch die Selbstgenügsamkeit halten wir für ein

großes Gut, doch nicht, damit wir uns unter allen Umständen am wenigen genügen lassen[1], sondern damit wir mit wenigem zufrieden sind, wenn wir nicht viel haben. Dabei leitet uns die Überzeugung, daß der einen reichen Aufwand am stärksten genießt, der seiner am wenigsten bedarf, daß alles Natürliche leicht zu beschaffen ist, das Sinnlose aber schwer, und daß schließlich die schlichten Genüsse ebenso viel Freude bereiten wie der größte Luxus, wenn nur das Schmerzgefühl des Entbehrens nicht aufkommt. Womit also gemeint ist, daß schon Brot und Wasser, 131
wenn man sie zuvor entbehrte, einen Hochgenuß bereiten können. Außerdem fördert die Gewöhnung an eine einfache, nicht üppige Lebensweise die Gesundheit, befähigt den Menschen, unverdrossen zu leisten, was das Leben von ihm fordert, läßt uns die reicheren Genüsse, die uns dann und wann einmal geboten werden, um so stärker empfinden und unterstützt unsere Furchtlosigkeit gegenüber dem Zufall.

Wenn wir nun also sagen, daß Freude unser Lebensziel ist, so meinen wir nicht die Freuden der Prasser, denen es ums Genießen schlechthin zu tun ist. Das meinen die Unwissenden oder Leute, die unsere Lehre nicht verstehen oder sie böswillig mißverste-

[1] Ein Hieb auf die Kyniker, deren Lehre auf größte Bedürfnislosigkeit abzielt.

hen. Für uns bedeutet Freude: keine Schmerzen haben im körperlichen Bereich und im seelischen Bereich keine Unruhe verspüren. Denn nicht eine end-
132 lose Reihe von Trinkgelagen und Festschmäusen, nicht das Genießen schöner Knaben und Frauen, auch nicht der Genuß von leckeren Fischen und was ein reichbesetzter Tisch sonst zu bieten vermag, schafft ein freudevolles Leben, vielmehr allein das klare Denken, das allem Verlangen und allem Meiden auf den Grund geht und den Wahn vertreibt, der wie ein Wirbelsturm die Seelen erschüttert.

An allem Anfang aber steht die Vernunft, unser größtes Gut. Aus ihr ergeben sich alle übrigen Tugenden von selbst, ja sie ist sogar wertvoller als das Philosophieren, weil sie uns lehrt, daß in Freude zu leben unmöglich ist, ohne daß man ein vernünftiges, sittlich hochstehendes und gerechtes Leben führt, daß es umgekehrt aber auch unmöglich ist, ein vernünftiges, sittlich hochstehendes und gerechtes Leben zu führen, ohne in Freude zu leben. Denn die Tugenden sind mit dem freudevollen Leben eng verwachsen, und dieses ist von jenen nicht zu trennen.

133 Wen glaubst Du noch höher stellen zu können als den,

der von den Göttern fromm denkt, dem Tode

allzeit furchtlos entgegensieht und das Ziel der Natur klar erkannt hat –

der erfaßt hat, daß das höchste Gut leicht zu erfüllen und leicht zu erwerben ist, wogegen das größte Übel entweder nur kurze Zeit währt oder nur kurzes Leid mit sich bringt –

der die von manchen als allgewaltige Herrscherin betrachtete Notwendigkeit verlacht – wäre es doch immer noch besser, dem alten Götterglauben 134
zu huldigen, als sich der „Vorherbestimmung" der Naturphilosophen zu unterwerfen; jener bietet doch wenigstens noch die Aussicht, daß die Götter uns erhören, wenn wir sie verehren, während diese die unerbittliche Notwendigkeit schlechthin ist –

der im Zufall nicht, wie die breite Masse es tut, eine Gottheit sieht – eine Gottheit läßt nämlich nichts wahllos geschehen –, ihn aber auch nicht für einen ganz unsicheren Ausgangspunkt hält – denn er glaubt zwar nicht, daß den Menschen ein Gut oder Übel zum glückseligen Leben allein vom Zufall beschert wird, wohl aber, daß die Ansätze, aus denen große Güter und große Übel entstehen können, zufällig sein können –,

und dem es schließlich lieber ist, bei richtiger 135
Überlegung vom Zufall betrogen als bei falscher von ihm begünstigt zu werden – denn es ist besser, daß

bei unserem Handeln der richtige Entschluß infolge eines Zufalls zu einem Mißerfolg führt, als wenn wir uns falsch entschieden und trotzdem durch den Zufall ein Erfolg herbeigeführt wird –!

Dies also, und was mit ihm verwandt, übe Tag und Nacht, allein und mit einem Gesinnungsgenossen, und Du wirst niemals, weder wachend noch schlafend, in Unruhe geraten, sondern wirst leben wie ein Gott unter Menschen. Denn keineswegs gleicht einem vergänglichen Lebewesen ein Mensch, der in unvergänglichem Besitztum lebt.

II.

Die Hauptlehrsätze

(Κύριαι Δόξαι)

Die vierzig Aphorismen, die Diogenes Laertios seiner Epikurbiographie als letztes Glanzstück einverleibt hat, sind Epikur neuerlich öfters aberkannt worden. Mit Unrecht! Sie enthalten, was niemand bestreiten konnte, vollgültige Lehren des Meisters in der aphoristischen Prägung, auf die sein überall auch sonst sichtbares Streben nach kurzer, schlagender Formulierung hindrängte. Überdies ist uns keiner dieser Aphorismen in der hier vorliegenden Fassung außerhalb dieser Schrift bekannt, wohl aber ist einiges aus dieser Schrift in Sprüchesammlungen übernommen worden.

Die Schrift ist ein Brevier für Schüler, denen, sei es innerhalb der Schule oder im täglichen Leben draußen, gedächtnismäßiges Festhalten der hauptsächlichsten, leitenden Lehrsätze dadurch ermöglicht werden sollte. Die Sätze schließen sich zu Gruppen zusammen, die ihrerseits durch übergreifende Stichworte untereinander verzahnt sind.

Aus dem verhältnismäßig breiten Raum, den die Rechtsphilosophie, ein übrigens besonders folgereiches Gedankengut des Meisters, hier einnimmt, darf man schließen, daß dieses Brevier nicht zum wenigsten den im öffentlichen Leben stehenden Epikureern gewidmet sein sollte.

1

Ein seliges und unvergängliches Wesen (die Gott- 139
heit) trägt weder selbst Mühsal, noch belädt es ein anderes Wesen damit. Darum kennt es weder Zorn noch Wohlwollen. Dergleichen gibt es nur bei einem schwachen Wesen.

2

Der Tod ist für uns ein Nichts, denn was der Auflösung verfiel, besitzt keine Empfindung mehr. Was aber keine Empfindung mehr hat, das kümmert uns nicht.

3

Das Höchstmaß der Freude ist erreicht, wenn alle Schmerzen beseitigt sind. Denn wo die Freude eingezogen ist, da gibt es, solange sie herrscht, weder Schmerzen noch Qualen oder gar beides.

4

140 Der Schmerz sitzt nicht unaufhörlich im Fleische[1]. Je heftiger er ist, desto kürzer währt er. Ist er aber neben der Lust vorhanden, diese im Fleische nur übersteigend, so bleibt er nicht viele Tage. Bei einem längeren Leiden aber ist die Freude noch immer etwas größer als der Schmerz im Fleische.

5

Man kann nicht in Freude leben, ohne vernünftig edel und gerecht zu leben, aber auch umgekehrt kein vernünftiges, edles und gerechtes Leben führen, ohne in Freude zu leben. Man kann es aber nicht, wenn jene Voraussetzungen fehlen.

6

Was das Gefühl der Sicherheit vor den Menschen anlangt, so sind Macht und Herrschaft eines der naturgegebenen Gütern, von denen aus man sich Sicherheit verschaffen kann[2].

---

[1] „Fleisch“ ist stets im biologischen Sinne zu verstehen.

[2] Das Streben, sein Dasein zu sichern, ist dem Menschen wie jedem Lebewesen angeboren, die Mittel sind individuell verschieden. Der Weise muß durch die bestehenden Gesetze geschützt sein (vgl. unten Nr. 36 der „Fragmente“).

7

Manche streben nach Ruhm und Ansehen in dem Glauben, sich damit Sicherheit vor den Menschen verschaffen zu können. Leben sie nun in Sicherheit, so haben sie dieses natürliche Gut auch bekommen. Ist ihr Leben aber nicht gesichert, so besitzen sie nicht einmal das, worum sie, ihrer Natur gehorchend, sich zu allererst so eifrig bemüht haben. 141

8

Keine Freude ist an sich ein Übel, doch das, was diese oder jene Freuden erst erzeugt, kann sie auf mancherlei Art trüben.

9

Wenn alle Freude sich allmählich verdichtete und die ganze Masse dauernd im ganzen menschlichen Körper oder wenigstens in seinen wichtigsten Teilen herrschte, dann würde man gar keine einzelnen Freuden mehr unterscheiden können. 142

10

Wenn das, was den Prassern ihre Freuden bereitet, die Ängste des Geistes vor Naturerscheinungen, vor

Tod und Schmerzen beseitigte und wenn es außerdem die Einsicht von der Begrenztheit der Begierden lehrte, dann hätten wir an diesen Leuten nichts auszusetzen, wenn sie sich von allen Seiten mit Freuden füllen und von keiner Seite her Schmerzen und Qualen, also das Übel, in sich tragen, was Schmerzen und Qualen, also das Übel, hervorruft.

11

Wenn die Furcht vor den Naturerscheinungen, die Besorgnis, der Tod habe für uns vielleicht doch etwas zu bedeuten, und die Unkenntnis über die Grenzen der Schmerzen und Begierden uns nicht beunruhigten, dann brauchten wir keine Naturerkenntnis.

12

143 Man wird die Furcht, die uns beim Fragen nach den letzten Dingen beschleicht, unmöglich los, wenn man über die Beschaffenheit des Alls nicht unterrichtet ist und daher argwöhnen muß, es könne an dem, was die Göttermythen darüber berichten, doch etwas Wahres sein. Ohne Naturerkenntnis kann man also keine Freude vollkommen genießen.

13

Es nützt nichts, seine Sicherheit vor Menschen auszubauen, solange die Vorgänge am Himmel droben und unter der Erde, kurzum die Vorgänge im unendlichen All, uns beängstigen.

14

Wenn die Sicherheit vor den Menschen sich auch bis zu einem gewissen Grade durch Macht stützen und durch Reichtum befestigen läßt, echter ist doch die, welche das Leben in der Stille und die Zurückgezogenheit vor der Masse verleihen.

15

Der Reichtum, den die Natur verlangt, ist begrenzt 144
und leicht zu beschaffen, der dagegen, nach dem wir in törichtem Verlangen streben, geht ins Ungemessene.

16

Das Dasein des Weisen wird nur in nebensächlichen Dingen vom Zufall gestört, denn die wichtigen, wirklich bedeutenden hat seine Überlegung im voraus geregelt, hält sie auch im Laufe der Zeit in Ordnung und wird sie immer in Ordnung halten.

17

Das Leben eines Gerechten wird am wenigsten von Unruhe gestört, das des Ungerechten ist mit größter Unruhe angefüllt.

18

Das leibliche Behagen nimmt nicht mehr zu, so-
bald der Schmerz des Entbehrens ausgetilgt ist, es
verfeinert sich nur. Die höchste geistige Freude aber
145 gewinnt, wer die Abschätzung eben der und ver-
wandter Dinge, die dem Denken die größten Ängste
bereiten, richtig vollzieht.

19

Die Unendlichkeit birgt die gleiche Freude wie die begrenzte Zeit, wenn man nur die Grenzen der Freude durch Nachdenken richtig ermittelt hat.

20

Für das Fleisch liegen die Grenzen der Freude im Unendlichen, und nur eine unendliche Zeit könnte sie ihm vollends verschaffen. Der Verstand jedoch, der das Ziel und die Grenzen allen Fleisches ermißt und die Angst vor der Ewigkeit beseitigt, schafft ein vollkommenes Leben und bedarf dazu der Unendlichkeit nicht. Freilich weicht der Verständige der Freude nicht aus, und wenn schließlich die Verhältnisse ihn zwingen, aus dem Leben zu scheiden, so tut er es nicht so, als ob es ihm zum höchsten Dasein noch irgend etwas schulde.

21

Wer die Grenzen des Daseins erkannt hat, weiß, 146
daß all das leicht zu beschaffen ist, was den Schmerz des Entbehrens austilgt und das ganze Leben vollkommen macht. Ihn verlangt also nicht nach Bemühungen, die nur Kämpfe mit sich bringen.

22

Das vorgesetzte Ziel müssen wir uns fest einprägen, auch alles, was uns Wirklichkeit ist und worauf wir unsere Annahmen gründen können. Tun wir das nicht, dann werden nur Unklarheit und Verwirrung herrschen.

23

Wenn du alle Sinneswahrnehmungen verwirfst, dann besitzest du auch keine Stütze, auf die du dich beziehen kannst, um eine einzelne für irrig zu erklären.

24

147 Verwirfst du irgendeine Sinneswahrnehmung und unterscheidest dabei nicht zwischen dem auf Grund bloßer Erwartung nur Angenommenen und dem, was du tatsächlich wahrnehmen konntest, sowie zwischen Empfindung und Vorstellung, dann wirst du mit deiner verkehrten Meinung auch alle übrigen Sinneswahrnehmungen verwerfen und damit jedes Kriterium verlieren. Wenn du dagegen die Sinneswahrnehmungen als zuverlässig ansetzest, aber die bloß auf Erwartung beruhende Vorstellung und überhaupt alles, was durch die Sinne nicht bestätigt wird, als unzuverlässig ansiehst, dann kann dir der Trug nicht entschlüpfen, so daß du jeden inneren Zwiespalt und die Entscheidung darüber, was richtig und was unrichtig ist, stets wirst überwachen können.

25

148 Wenn du deine Handlungen nicht jederzeit nach dem von der Natur gesteckten Ziel ausrichtest, sondern ihnen, mag es sich um Meiden oder Streben handeln, vorher irgendeine andere Richtung gibst,

dann werden deine Taten nicht mit deinem vernünftigen Denken übereinstimmen.

26

Alle Begierden, die keinen Schmerz hervorrufen, wenn man sie unbefriedigt läßt, gehören nicht zu den unbedingt notwendigen. Das in ihnen wirkende Begehren verflüchtigt sich schnell; sobald sich zeigt, daß sie unerfüllbar sind oder gar Schaden verursachen.

27

Die Fähigkeit, Freundschaft zu gewinnen, ist unter allem, was Weisheit zur Glückseligkeit beitragen, kann, bei weitem das Bedeutendste.

28

Dieselbe Erkenntnis, kraft deren wir getrost sind, daß kein Schrecknis ewig ist oder auch nur lange währt, läßt uns auch einsehen, daß uns inmitten der zeitlich begrenzten Schrecknisse die Freundschaft erst die richtige Sicherheit verleiht.

29

Von den Begierden sind die einen naturbedingt 149
und notwendig, andere naturbedingt und doch nicht

notwendig, und wieder andere sind weder naturbedingt noch notwendig, sondern einfach leerem Wahn entsprungen[1].

30

Begierden, die zwar naturbedingt sind, aber keinen Schmerz verursachen, wenn sie nicht befriedigt werden, und bei denen das sich mühende Begehren trotzdem anhält, entspringen leerem Wahn. Daß sie nicht vergehen, liegt nicht an ihrer eigenen Beschaffenheit, sondern nur an der leeren Einbildung des Menschen.

31

150 Das der Natur gemäße Recht ist eine den Nutzen betreffende Übereinkunft, einander nicht zu schädigen noch voneinander Schaden zu leiden.

32

Recht und Unrecht gibt es gegenüber all den Lebewesen nicht, die unfähig sind, Übereinkünfte zu treffen, daß keines das andere schädigen oder von ihm geschädigt werden soll. Dasselbe gilt von Völkern, die nicht fähig oder nicht willens sind, eine solche Abmachung miteinander zu treffen.

[1] Vgl. die Anmerkung zu § 127 des Briefes an Menoikeus.

33

Gerechtigkeit an sich hat es nie gegeben[1]. Alles Recht beruhte vielmehr stets nur auf einer Übereinkunft zwischen Menschen, die sich in jeweils verschieden großen Räumen zusammenschlossen und sich dahin einigten, daß keiner dem anderen Schaden zufügen oder von ihm erleiden soll.

34

Ungerechtigkeit ist an sich kein Übel. Vielmehr 151
besteht das Übel nur in der argwöhnischen Besorgnis, ob die Tat wohl dem dafür bestellten Richter verborgen bleiben wird.

35

Niemand kann sich darauf verlassen, daß er unentdeckt bleiben wird, wenn er gegen die Abmachung, einander nicht zu schädigen, heimlich verstoßen hat, auch wenn er bis dahin tausendmal unentdeckt bleibt. Denn er lebt bis zu seinem Tode in der Ungewißheit, ob er nicht doch noch entdeckt wird.

36

Grundsätzlich ist das Recht für alle gleich, denn es bedeutet stets in der auf Gegenseitigkeit beruhenden

---

[1] Gegen Platons Ideenlehre gerichtet.

152 Gemeinschaft etwas Nutzbringendes. Aber wegen der Besonderheiten eines Landes und aus anderen durch die Verhältnisse bedingten Gründen kann es nicht überall für alle gleich sein.

37

Was innerhalb einer bestehenden Gemeinschaft anerkanntermaßen den wechselseitigen Bedürfnissen nützlich ist, das hat Anspruch, an Rechtes Statt zu gelten, einerlei, ob sich daraus für alle das gleiche Recht ergibt oder nicht. Wenn aber jemand ein Gesetz durchsetzt, das dem innerhalb der Gemeinschaft bestehenden wechselseitigen Nutzen nicht entspricht, so besitzt dieses Gesetz nicht mehr die Eigenschaft eines wirklichen Rechts. Auch wenn der Recht schaffende gemeine Nutzen sich im Laufe der Zeit verändern sollte, das betreffende Recht aber immerhin noch eine Weile als solches empfunden wird, dann behält es während dieser Zeit bei allen, die sich nicht durch leeres Gerede verwirren lassen, sondern sich an Tatsachen halten, seine volle Rechtseigenschaft.

38

153 Zeigt es sich, daß bisher anerkannte Rechtssätze bei ihrer Anwendung auf den einzelnen Fall im Wider-

spruch zu ihren Voraussetzungen stehen, ohne daß sich die allgemeinen Verhältnisse geändert haben, dann sind sie kein Recht mehr. Dort aber, wo unter veränderten Verhältnissen die bisher geltenden Rechtssätze keinen Nutzen mehr spenden, waren sie trotzdem noch Recht, solange sie für die staatsbürgerliche Gemeinschaft noch nützlich waren; später freilich, wenn sie keinerlei Nutzen mehr haben, können sie auch nicht mehr als Recht gelten.

39

Der überwindet die Unsicherheit gegenüber seiner 154
Umwelt am besten, der sich so weit als möglich mit ihr vertraut macht und, wo dies unmöglich ist, wenigstens sorgt, daß sie ihm nicht fremd ist. Mit allem aber, bei dem ihm nicht einmal dies gelingt, läßt er sich gar nicht ein und stützt sich nur auf das, was ihm hilft, sicher zu werden.

40

Menschen, welche die Möglichkeit besitzen, sich ihren Nächsten gegenüber in höchstem Maße sicher zu fühlen, die haben miteinander das freudevollste Leben schon gewonnen, weil sie dafür die sicherste

Gewähr haben; und im Genuß der engsten Verbundenheit jammern sie auch nicht über den frühen Heimgang eines Toten, als ob er zu bemitleiden wäre.

III.

Aphorismen und Fragmente

In diesem Abschnitt sollen weitere kostbare und markante Sätze Epikurs zwanglos aneinandergereiht werden, die uns nicht innerhalb ihres ursprünglichen Zusammenhanges überliefert sind.

Der erste Teil von ihnen (Nr. 1–27) ist einer griechischen Handschrift des Vatikans (Codex Vaticanus graec. 1950 aus dem 14. Jahrh.) entnommen, wo sie mit Sätzen anderer Epikureer zusammenstehen, aber als Eigentum des Meisters selbst durch Inhalt und Form leicht erkennbar sind. Die ganze Sammlung, für die sich der Name ‚Gnomologium Vaticanum' eingebürgert hat, ist in der Ausgabe von P. Von der Mühll S. 60–69 vollständig abgedruckt.

Der zweite Teil (Nr. 28–38) der folgenden Sätze sind Fragmente, die wörtlichen Zitaten seitens der verschiedensten antiken Schriftsteller verdankt werden. Sie stehen sämtlich in Useners Epicurea.

Die Konkordanz der Nummern dieses Kapitels mit denen im ‚Gnomol. Vat.' und in Useners ‚Epicurea' siehe in der ‚Nachbemerkung' am Ende dieses Buches.

Aphorismen

1

Notwendigkeit ist ein Übel, aber es besteht keine Notwendigkeit, unter einer Notwendigkeit zu leben.

2

Bei den meisten Menschen ist die Ruhe Lähmung, die Bewegung Tollheit.

3

Nur einmal werden wir geboren, ein zweites Mal ist nicht möglich, und wir müssen dann eine ganze Ewigkeit hindurch nicht mehr sein. Trotzdem schiebst du den rechten Augenblick immer wieder hinaus und bist doch nicht einmal Herr über den morgigen Tag. Überm Zaudern schwindet aber das Leben dahin und so manche sterben, ohne sich im Leben jemals recht Zeit genommen zu haben.

4

Wenn man einander nicht sehen, nicht miteinander verkehren und nicht beisammen sein kann, verflüchtigt sich die Empfindung der Liebe bald.

5

Jede Freundschaft, so sehr sie auch an sich erstrebenswert sein mag, ist zuletzt doch auf den Nutzen gegründet.

6

Gemessen an den Absichten der Natur ist Armut ein großer Reichtum, dagegen Reichtum, der keine Grenzen kennt, eine große Armut.

7

Ich will den Menschen lieber auf Grund meiner Naturerkenntnis offen verkünden, was ihnen dienlich ist, auch wenn es keiner begreift, als unter Zustimmung zum Unsinn den brausenden Beifall der Menge auf mich lenken.

8

Die Stimme des Fleisches spricht: Nicht hungern, nicht dürsten, nicht frieren! Wem aber dies alles zuteil wird oder wer gewiß darauf hoffen darf, der kann sich an Glückseligkeit selbst mit Zeus messen.

9

Zur Freundschaft führt weniger der Wunsch nach dem, was wir von unseren Freunden verlangen, als vielmehr das Bedürfnis nach der Zuversicht, daß wir es von ihnen verlangen dürfen.

10

Man soll nicht aus Gier nach fernen Gütern die nahen gering achten, sondern bedenken, daß auch diese einmal zu den sehnlich erwünschten gehört haben.

11

Wir sind nur schwach gegenüber dem Üblen, nicht gegenüber dem Guten, denn durch Freuden werden wir gestärkt, durch Schmerzen aber geschwächt.

12

Wer ständig Hilfe fordert, auch wer sie niemals leistet, ist kein Freund. Der eine will für seine Zuneigung von uns Leistung kaufen, der andere beraubt uns für alle Zukunft der tröstenden Hoffnung.

13

Ich habe vernommen, daß dich der Kitzel in deinem Fleische übermäßig zum Geschlechtsverkehr treibt. Folge ihm, wie du magst, aber sorge dafür, daß du dabei die Gesetze nicht übertrittst, nicht den Anstand verletzt, keinen dir nahestehenden Menschen kränkst, deine Gesundheit nicht zerrüttest und dein Vermögen nicht vergeudest. Es ist jedoch schwer, sich nicht wenigstens in eine der genannten Schwierigkeiten zu verstricken. Denn der Liebesgenuß bringt keinen Nutzen, man kann sogar froh sein, wenn er nicht schadet.

14

Die Freundschaft umtanzt den Erdkreis, uns allen verkündend, daß wir erwachen sollen zur Seligkeit.

15

Man soll gegen niemand Neid hegen. Die Guten verdienen ihn nicht, und die Bösen schädigen sich in demselben Grade, in dem ihre Pläne gelingen.

16

Man soll nicht bloß so tun, als liebe man die Weisheit, sondern sie wirklich lieben. Der Anschein, als wären wir gesund, nützt ja auch nichts, sondern allein die wirkliche Gesundheit.

17

Durch Zweifelsucht kann unser ganzes Dasein zerstört und für immer zum Trümmerhaufen werden.

18

Jeder geht ebenso aus dem Leben, wie wenn er eben erst geboren wäre[1].

19

Es ist sinnlos, von den Göttern zu fordern, was man selber zu leisten vermag.

20

Nicht durch Mitklagen, sondern durch mitsorgende Hilfe beweist man dem Freunde seine Teilnahme.

21

Wem genug zu wenig ist, dem ist nichts genug.

---

[1] Todesfurcht und Unfähigkeit, das Leben zu meistern, sind beim Erwachsenen und beim Greise noch ebenso groß wie beim Säugling, wenn sie nicht durch die Philosophie (Epikurs) überwunden werden.

22

Tue im Leben nichts, was dir Angst einflößen würde, wenn dein Nachbar davon erführe.

23

Bei allen Begierden muß man sich fragen: Was geschieht, wenn mein Begehren befriedigt ist, und was, wenn es nicht befriedigt wird?

24

Bei einem geistigen Treffen gewinnt der Geschlagene, sofern er dabei nämlich hinzulernt.

25

„Schau erst auf eines langen Lebens Ende!“[1] – dieser Ausspruch zeugt von Undankbarkeit für die schon genossenen Glücksgüter.

26

Die schönste Frucht der Selbstgenügsamkeit ist Freiheit.

27

Der Edelgesinnte strebt vor allem nach Weisheit und Freundschaft. Diese ist ein vergängliches, jene ein unvergängliches Gut.

---

[1] Der Ausspruch wird dem athenischen Gesetzgeber und Philosophen Solon (um 640–560 v. Chr.), einem der Sieben Weisen, zugeschrieben.

Fragmente

28

Dank sei der gepriesenen Walterin Natur, daß sie das Notwendige leicht erreichbar schuf, das Schwererreichbare aber als nicht notwendig!

29

Aus Angst, mit Wenigem auskommen zu müssen, läßt sich der Durchschnittsmensch zu Taten hinreißen, die seine Angst erst recht vermehren.

30

Viele, die zu Reichtum gelangt sind, gewannen kein Mittel gegen ihre Leiden, sondern nur den Wechsel zu noch größeren Qualen.

31

Kleine Seelen werden durch Erfolge übermütig, durch Mißerfolge niedergeschlagen.

32

Wer des folgenden Tages am wenigsten bedarf, begrüßt ihn am freudigsten.

33

Auf das Schöne, das keine Freude bringt, verzichte ich gern und verachte auch seine törichten Anbeter.

34

Die schönste Frucht der Gerechtigkeit ist Seelenfrieden.

35

Die Natur hat uns zur Gemeinschaft geschaffen.

36

Die Gesetze sind um der Weisen willen da, nicht damit sie kein Unrecht tun, sondern damit sie keines erleiden.

37

Wer Furcht verbreitet, ist selbst nicht ohne Furcht.

38

Lebe zurückgezogen!

IV.

Brief an Herodotos

(Auswahl)

Epikurs Brief an seinen Schüler Herodot, eines der schwierigsten Stücke griechischer Prosa, enthält in sehr knapper, streng lehrhafter Form die eigentliche Naturlehre seines Systems. Da unser Hauptthema Epikurs Philosophie der Freude ist, werden hier nur Teile des Briefes dargeboten, nämlich Einleitung und grundsätzliche Bemerkungen (§ 35–39), Grundlegung des epikureischen Atomismus (§ 39–45), Theorie der Wahrnehmung und Erkenntnis (§ 46–53), Seelenlehre (§ 63–68), Ursprung der Sprache (§ 75–76) und Schlußworte (§ 83).

Noch mehr als bei den anderen übersetzten Stücken ist zum Verständnis hier das III. Kapitel der Einleitung heranzuziehen.

Epikur wünscht seinem Herodot Freude! 35

Für die, mein lieber Herodot, die nicht jede Ein-
zelheit aus meinen Schriften behalten können oder
meine umfangreicheren Arbeiten nicht zu überblicken
vermögen, habe ich hier einen Auszug aus meinem
Gesamtwerk gemacht. Er soll ihre Erinnerung an
meine Grundlehren auffrischen und ihnen, soweit sie
sich überhaupt mit Naturerkenntnis befassen, ein
ständiger Helfer in den Hauptfragen sein. Aber auch
für die in der Betrachtung des Alls schon tüchtig Fort-
geschritteneren ist es gut, wenn sie meine grundlegen-
den Leitgedanken ständig gegenwärtig haben, denn
ein klarer Überblick ist oft wichtiger als die Kenntnis
der Einzelheiten. Gewiß soll man auch diese immer 36
wieder studieren, aber man braucht von ihnen doch
nur gerade so viel zu behalten, daß man imstande ist,
die wichtigsten Vorgänge in der Natur zu beobachten
und selbst Einzeluntersuchungen anzustellen, voraus-
gesetzt, daß man die Hauptrichtlinien erfaßt und sich
gut eingeprägt hat. Denn auch wer schon alles Wissen
besitzt, bedarf zum tieferen Verständnis doch vor
allem der Fähigkeit, seine Beobachtungen durch Zu-

rückführung auf Grundbegriffe und einfache Bezeichnungen exakt auszuwerten. Die Erforschung des Alls, die ja auf ständiger Beobachtung fest miteinander verflochtener Erscheinungen beruht, kann ja nur der mit Erfolg betreiben, der imstande ist, jede einzelne Erscheinung, die des näheren zu untersuchen ist, zunächst einmal mit kurzem Ausdruck in sich selbst zu
37 umreißen. Weil dieses Verfahren also jedem von Vorteil ist, der sich mit der Naturerkenntnis befaßt, darum habe ich diesen Auszug und Abriß meiner Erkenntnisse für Dich verfaßt; wobei ich zugleich meinem Drange folge, mich unablässig um die Erkenntnis der Natur zu bemühen und in dieser Tätigkeit ein friedevolles Leben zu finden.

Vor allem, mein lieber Herodot, muß man sich einprägen, was den Bezeichnungen, die wir gebrauchen, zugrunde liegt, um alles nur Vermutete, Umstrittene oder Bezweifelte darauf zurückzuführen und daran nachprüfen zu können, sonst gerät durch uferlose Erklärungen alles in Verwirrung und wir führen nur leere Worte im Munde. Wir müssen also am ur-
38 sprünglichen Wortsinn unserer Grundbegriffe festhalten und keiner besonderen Erklärung bedürfen, wenn wir einen festen Standpunkt bekommen wollen, auf den wir das Vermutete, Umstrittene, Bezweifelte zurückführen können. Und um alles festzuhalten,

womit wir das Aufzuklärende, noch Unbekannte kennzeichnen könnten, müssen wir außerdem unsere Sinneswahrnehmungen und überhaupt jede augenblickliche Beobachtung genau registrieren, einerlei ob sie sich in unserem Verstande oder sonst einer unserer Erkenntnisfähigkeiten vollzieht, und ebenso jede Empfindung.

Nachdem wir dies klargestellt haben, dürfen wir unsere Erkenntnis über das Unbekannte dahin zusammenfassen:

Nichts kann aus dem Nichts entstehen. Andernfalls würde alles aus allem entstehen können, ohne daß es dazu auch nur im geringsten eines Zeugungsstoffes
bedürfte. Und wenn das Verschwindende ins Nichts 39
verginge, so wäre wohl alles Wirkliche schon längst zugrunde gegangen, da es das nicht gäbe, wohinein es sich auflöste. Die Gesamtheit des in der Natur Vorhandenen ist nämlich von Anbeginn und in alle Ewigkeit unveränderlich, weil es nichts gibt, in das es sich verändern könnte. Gibt es doch neben dem All nichts, das etwa in es eindringen und eine derartige Verwandlung bewirken könnte.

Das All besteht aus Körperlichem und Leerem. Daß es Körperliches gibt, bezeugt überall schon allein

die Sinneswahrnehmung, da aus ihr, wie ich oben
schon gesagt habe, mit Hilfe des Denkens auf das Un-
bekannte geschlossen werden kann. Und wenn das,
40 was wir Leeres oder Raum oder unbetastbare Wesen-
heit nennen, nicht wäre, so gäbe es nichts, in dem das
Körperliche ist und durch das hin es sich bewegt, wie
es das doch aber ganz offensichtlich tut. Darüber hin-
aus aber läßt sich nichts auch nur denken, etwas Be-
greifbares oder dem Begreifbaren wenigstens Ver-
gleichbares, das als selbständige Wesenheit erfaßt und
nicht nur als Zustand oder vorübergehende Eigen-
schaft des Körperlichen und des Leeren bezeichnet
werden könnte.

Von den Körpern sind die einen zusammengesetzt,
die anderen das, woraus die Zusammensetzungen ge-
bildet sind. Diese letzteren Bestandteile aber sind un-
41 teilbar und unveränderlich, wenn anders nicht alles
ins Nichts zergehen soll; sie sind vielmehr stark genug,
bei den Auflösungen der Zusammensetzungen beste-
hen zu bleiben, weil sie in sich voll und ganz sind und
weil es nichts gibt, wodurch oder wie sie sich auflösen
könnten. Folglich müssen die Urdinge unteilbare
Wesenheiten (Atome) des Körperlichen sein.

Das All ist unendlich. Denn was begrenzt ist, hat ein Äußerstes, doch kann ein Äußerstes nur durch

Vergleich mit etwas anderem wahrgenommen werden. (Neben dem All läßt sich aber nichts wahrnehmen.) Da das All also kein Äußerstes hat, hat es auch keine Grenze, und da es keine Grenze hat, so dürfte es wohl unendlich und unbegrenzt sein.

Das All ist sowohl nach der Menge des Körper- 42
lichen wie nach der Größe des Leeren unendlich. Denn angenommen, das Leere wäre unendlich, das Körperliche jedoch begrenzt, dann würden die Körper nirgends verharren, sondern im unendlichen Leeren zerstreut umherfliegen, da sie nichts fänden, das sie stützen könnte oder das ihnen beim Abprallen Halt böte. Nimmt man aber umgekehrt an, das Leere wäre begrenzt, dann würde das unendliche Körperliche keinen Platz in ihm finden, wo es unterkommen könnte.

An den unteilbaren, vollen Bestandteilen des Körperlichen, aus denen die Zusammensetzungen entstehen und in die sie sich wieder auflösen, sind die vorhandenen Verschiedenheiten ihrer Formen nicht erfaßbar. Denn es ist unmöglich, daß so viele Verschiedenheiten aus den gleichen erfaßbaren Formen entstehen können. So sind zwar innerhalb jeder Formengruppe die einander gleichenden Urbestandteile schlechthin unendlich, aber hinsichtlich der Verschiedenheit der Formen sind sie nicht schlechthin unendlich, sondern bloß nicht in Zahlen erfaßbar; es müßte denn jemand auch die Zahl ihrer Größen bis ins Unendliche steigern wollen.

43 Und diese unteilbaren Bestandteile (Atome) sind unaufhörlich durch alle Ewigkeit in Bewegung, teils in weiten Abständen voneinander, teils auf der Stelle schwingend. Letzteres dann, wenn ihre eigene Drehung sie gewissermaßen an den Ort fesselt oder wenn sie in den Drehschwung anderer einbezogen sind.
44 Dies bewirkt nämlich die Leere, die jedes Atom vom andern absondert, weil sie ihm keine Stütze bietet. Und die Atome prallen beim Zusammenstoßen dank ihrer Härte so weit auseinander, als möglich ist, um kraft ihrer Schwungverflechtung wieder an die alte Stelle zurückzukehren. Für diesen Vorgang gibt es jedoch keinen Anfang, denn die Atome sind ewig und ebenso das Leere. –

45 Das bis hierher Gesagte bietet, wenn alles gut behalten wird, für das Nachdenken über die Naturbeschaffenheit alles Seienden schon eine hinreichende Grundlage. Doch weiter:

Es gibt unendlich viele Welten, der unsrigen ähnliche und solche, die ihr unähnlich sind; denn auch die Atome sind, wie wir eben gezeigt haben, unendlich an Zahl und werden in weiteste Fernen getrieben. Aufgebraucht werden die Atome, aus denen eine Welt entstehen oder von denen eine Welt gebildet werden kann, nämlich nicht, weder für eine einzige Welt noch für eine begrenzte Zahl von Welten, auch nicht für solche, die der einen gleichartig, noch für die, welche von ihr verschieden sind. Der unendlichen Vielzahl der Welten steht also nichts im Wege. –

Ferner: es gibt Abdrücke, die den festen Körpern 46
gleichgestaltet sind, jedoch durch ihre Zartheit weit verschieden von den Dingen, die durch sie wahrnehmbar werden. Können doch in der uns umgebenden Luft sehr wohl solche Ablösungen vorkommen, auch die zur Schaffung von Unebenheiten und Ebenheiten erforderlichen Anlagen, und es können auch Abströmungen entstehen, welche die Lagerung und Reihung (der Atome) genau so bewahren, wie sie sie in den Körpern selbst hatten. Diese Ausformungen nennen wir „Abbildchen" (Eidola). Ihr Flug durch das Leere durchmißt, wenn ihm nichts entgegentritt, an das er anprallen könnte, jede erdenkliche Entfernung in unvorstellbar kurzer Zeit, und was uns an ihm wie Verlangsamung oder Beschleunigung erscheint, ist in Wirklichkeit nur das Vorhandensein oder Fehlen eines Hindernisses. – Freilich gelangt

47 auch ein fliegender Körper nicht zugleich mit der verstandesmäßig vorstellbaren Zeit an die weiteren Orte – denn das ist undenkbar – und ebensowenig wird dieser Körper, wenn er in sinnlich wahrnehmbarer Zeit von irgendeiner Stelle des Unendlichen her an sein Ziel gelangt, den Abstand des Ortes haben, aus dem wir seinen Flug erfaßt haben. Denn wenn wir uns die Schnelligkeit seines Fluges auch ohne den geringsten Anprall vorstellen, so würde allein die Tatsache seines Fluges einem Anprall gleichkommen. Es ist nützlich, auch diesen Grundsatz zu behalten. –

Sodann: dem Gedanken, daß die Abbilder von unüberbietbarer Zartheit sind, widerspricht in der Erscheinungswelt nichts. Deshalb auch ist ihre Geschwindigkeit unüberbietbar, da jedes den für es passenden Durchgang hat, so daß unzähligen von ihnen nichts oder nur wenig im Wege steht, während freilich viele, ja unzählige sofort irgendwo anstoßen. Auch ist zu sagen, daß die Abbilder in Gedankenschnelle entstehen. Der Strom von der Oberfläche der Körper her ist nämlich ein unaufhörlicher, auch wenn er wegen seiner ständigen Wiedernachfüllung keine ins Auge springende Kenntlichkeit besitzt. Trotzdem bewahrt er die Lagerung und Reihung der Atome auf lange Zeit in derselben Anordnung, wie sie im festen Körper ist, mag sie sich mitunter auch nur verschwommen darbieten. Schließlich kommen in der uns umgebenden Luft auch Formverbindungen vor, die ganz rasch entstehen, weil ihre Auffüllung nicht in einer Tiefe zu geschehen braucht, und solche Gebilde können noch auf manche andere Art und Weise entstehen. Von alledem wird durch die Sinneswahrnehmungen nichts widerlegt, wenn wir unser Augenmerk nur darauf richten, wie wir die Eindrücke und Empfindungen von der Außenwelt auf uns beziehen sollen.

Man muß eben anerkennen, daß wir nur darum, 49
weil von den Außendingen her irgend etwas an und
in uns tritt, die Körpergestalten sehen und uns vor-
stellen können. Die Außendinge selbst können ihre
Wesenheit in Gestalt und Farbe nicht durch die zwi-
schen uns und ihnen befindliche Luft hindurch uns so
siegelgleich einprägen, wie es der Fall ist, auch nicht
vermittelst irgendwelcher Strahlen oder von uns zu
ihnen gehender Strömungen. Wohl aber dringen ge-
wisse gleichfarbige und gleichgestaltige Abdrücke
von den Gegenständen in uns ein, und zwar in einer
Größe, die unserem Gesichtssinn oder unserem Vor-
stellungsvermögen gemäß ist. Diese Abdrücke be-
sitzen eine große Geschwindigkeit, sie sind es, die uns 50
darum die Vorstellung von dem einen, zusammen-
hängenden Ding liefern und die Empfindung von

dem ihnen zugrunde liegenden Gegenstand festhalten, entsprechend dem mit ihm übereinstimmenden Eindruck, der von dort her infolge der Atomenschwingung im Innern des festen Körpers hervorgerufen wird. Und was wir so – eindrucksmäßig durch unser Vorstellungsvermögen oder unsere Sinneswerkzeuge – als Erscheinungsbild einer Gestalt oder gewisser Eigenschaften aufnehmen, das ist die Gestalt des festen Körpers, die entsprechend dem unablässigen Andrang oder dem Aussetzen des zuströmenden Abbilds zustande kommt. Irrtum und Fehlschluß jedoch liegen immer nur in dem, was hinzuvermutet
51 wird. Denn die Ähnlichkeit der Vorstellungen, die z.B. vor einem Gemälde, im Traume oder bei irgendwelchen anderen Eindrücken unseres Vorstellungsvermögens oder der übrigen Denkfunktionen zustande kommen, mit den Dingen, die als seiend und wirklich angesprochen werden, diese Ähnlichkeit würde nicht vorhanden sein, wenn nicht auch diese Abbilder etwas Wirkliches wären, auf das wir uns einstellen. Und es würde zu keinem Fehlschluß kommen, wenn wir nicht auch noch irgendwelche andere Bewegung in uns selbst aufnähmen, die zwar mit dem Erscheinungseindruck verknüpft ist, jedoch eigentlich nichts damit zu tun hat. Auf dem Wege über diesen Eindruck entsteht, wenn keine Bestätigung oder

wenn gar eine Widerlegung erfolgt, der Irrtum; tritt aber eine Bestätigung oder wenigstens keine Widerlegung ein, so entsteht die Wahrheit. Man muß auch diese Lehre genau begreifen, damit unsere Prüfmittel 52
gegenüber der Wirklichkeit nicht ausgeschaltet werden und damit der Fehlschluß, wenn er ebenso anerkannt wird, nicht alles durcheinander bringt.

Auch das Hören kommt dadurch zustande, daß eine Strömung von etwas Tönendem, Schallendem oder Lärmendem oder von etwas, das sonstwie eine Gehörempfindung hervorbringt, übertragen wird. Diese Strömung zerstreut sich in gleichmäßig geformte Bestandteile, die untereinander eine gewisse Übereinstimmung bewahren und eine eigengeartete Einheit beibehalten, die sich bis zu dem entsendenden Körper hin ausdehnt und in der Regel die auf ihn bezügliche Wahrnehmung hervorruft, wo das aber nicht der Fall ist, wenigstens einen Eindruck von dem betreffenden Außending vermitteln. Denn ohne eine 53
von dorther übertragene Mitempfindung könnte die betreffende Wahrnehmung nicht zustande kommen. Man darf also nicht meinen, daß die Luft selbst durch den entsandten Laut oder durch gleichartige Ursachen geformt wird – dies durch ihn zu erleiden, wäre sie ganz unfähig –, sondern man muß glauben, daß der

in uns entstehende Stoß in dem Augenblick, wo wir einen Laut von uns geben, sofort eine dementsprechende Auspressung gewisser, einen Luftstrom hervorrufender Massen bewirkt und dies dann bei uns die Hörempfindung hervorbringt.

Desgleichen muß man annehmen, daß auch der Geruch ebenso wie das Gehör niemals eine Empfindung in uns hervorrufen würde, wenn nicht gewisse von dem Gegenstande ausgehende Massen vorhanden wären, die so eingerichtet sind, daß sie das entsprechende Sinneswerkzeug erregen, wobei die einen beunruhigende und unangenehme, die anderen eine beruhigende und freundliche Geruchsempfindung hervorrufen. – –

63 Geht man auf die Wahrnehmungen und Empfindungen zurück, durch die man ja die sicherste Beglaubigung erhält, so muß man einsehen, daß die Seele ein durch unsere gesamte Atomenmasse hin zerstreuter, kleinteiliger Körper ist, am vergleichbarsten einem Hauche, der eine gewisse Beimischung von Warmem hat und teilweise diesem (dem Hauche), teilweise jenem (dem Warmen) ähnlich ist. Ferner ist da aber auch ein Bestandteil, der in seiner Kleinteiligkeit sowohl vom Hauch wie vom Warmen sehr verschieden ist, jedoch deshalb mehr mit der übrigen

Körpermasse in Mitleidenschaft steht. All dies machen die Fähigkeiten unserer Seele deutlich, ihre Empfindungen, ihre leichte Erregbarkeit, ihre Denkfähigkeit und die Teile von ihr, bei deren Verlust wir sterben müssen.

Sodann muß man festhalten, daß die Seele die
Hauptursache unserer Sinneswahrnehmung in sich
trägt. Diese hätte sie jedoch nicht in sich, wenn sie 64
nicht von der übrigen Atomenmasse (unseres Körpers)
irgendwie bedeckt würde. Die Körperatome, welche der Seele zwar erst diese ursächliche Fähigkeit verleihen, erhalten von ihr doch auch wieder einen gewissen Anteil ihres Vermögens, jedoch nicht an allem, dessen die Seele fähig ist. Deshalb besitzt der Körper, wenn die Seele von ihm getrennt ist, die Sinneswahrnehmung nicht; denn er besaß sie ja nicht selbst, sondern er schuf die Fähigkeit dazu immer nur in einem andern Wesen, das mit ihm zusammengefügt worden ist und das seinerseits, sobald es dank der ihm zugeteilten Fähigkeit bei Erregung sofort einen Wahrnehmungsvorgang bei sich hervorruft, wegen der Nachbarschaft mit dem Körper auch an diesen eine Mitempfindung davon abgab, wie ich schon gesagt habe.

Darum verliert die Seele, solange sie im Körper 65
wohnt, die Wahrnehmungsempfindung auch dann

nicht, wenn irgendein Körperteil abgetrennt worden ist. Vielmehr ist es so, daß alles, was von ihr mit in Verlust kommt, sobald ein die Seele bedeckender Körperteil ganz oder teilweise losgelöst wird, so lange sie nur in ihm bleibt, die Wahrnehmungsfähigkeit behält. Die übrige Körpermasse dagegen, ob sie nun als Ganzes oder als Teil fortbesteht, verliert die Wahrnehmungsfähigkeit, wenn von ihr eine so große Atommenge abgetrennt ist, wie zur Auswirkung der Wesensbeschaffenheit der Seele gehört.

Wenn die ganze Atomenmasse des Körpers sich auflöst, dann zerstreut sich auch die Seele, besitzt nicht mehr die gleichen Fähigkeiten wie vorher, wird auch nicht mehr erregt, kann also auch nicht mehr wahrnehmen. Denn man kann sie sich nicht als etwas den-
66 ken, das für sich allein, d. h. außerhalb des zusammengesetzten Ganzen, wahrnimmt und solcher Erregungen mächtig ist, wenn die sie bedeckenden und umfassenden Körperbestandteile nicht von der gleichen Beschaffenheit sind wie die, in denen die Seele ihre Erregbarkeit besitzt.

67 Außerdem muß man sich auch einprägen, daß ich gemäß dem allgemein üblichen Wortgebrauch nur das Ding unkörperlich nenne, das rein für sich gedacht werden kann. Rein für sich kann man aber das Unkörperliche nicht denken, mit Ausnahme des

Leeren. Das Leere jedoch kann weder wirken noch leiden, sondern es ermöglicht den Körpern nur die Bewegung durch sich hindurch. Mithin sind diejenigen töricht, die da lehren, die Seele sei unkörperlich[1]. Wenn sie es wäre, könnte sie ja nichts wirken und nichts leiden; wir aber erkennen doch beides deutlich als seelische Vorgänge.

Wenn man nun alle diese Überlegungen über die 68
Seele in Beziehung setzt zu den Empfindungen und Wahrnehmungen und sich dabei des ganz zu Anfang Gesagten erinnert, wird man alles hier im Umriß Zusammengefaßte hinreichend überblicken, um von da aus auch Einzeluntersuchungen gründlich und genau vornehmen zu können. – –

Man muß auch als sicher annehmen, daß die 75
menschliche Natur zu vielem und zu vielerlei durch die Gegenstände selbst angeleitet und veranlaßt wurde und daß das Denken dann das von der Natur Angeregte später verfeinert und Weiteres dazu erfunden hat, bei manchen Dingen rascher, bei anderen wieder langsamer, und daß sie in manchen Epochen und Zeitläuften größere, in anderen auch wieder kleinere Fortschritte gemacht hat.

---

[1] Gegen Platon gerichtet.

Deshalb ist zu vermuten, daß auch unsere sprachlichen Bezeichnungen nicht von vornherein durch Vereinbarungen entstanden sind, sondern daß die Naturanlagen der Menschen, die ja nach ihrer Volkszugehörigkeit eigentümliche Empfindungen erfuhren und eigentümliche Vorstellungsbilder erfaßten, nun auch den Luftstrom, der von ihren Empfindungen und Vorstellungen geformt wurde, auf eigene Weise durch den Mund ausstießen, wie es die landschaftliche Verschiedenheit bei den Völkern mit sich
76 brachte. Und es ist zu vermuten, daß dann die einzelnen Völkerschaften erst später ihre arteigenen Bezeichnungen durch Übereinkunft festgelegt haben, damit die Benennungen einander weniger widersprachen und auch knapper ausgedrückt wurden. Und schließlich muß man vermuten, daß einige Menschen auf Grund einer Eingebung manche auch nicht sichtbare Dinge neu in die Sprache eingeführt und ihre Mitmenschen, die dazu genötigt wurden, aufgefordert haben, gewisse Lautverbindungen auszusprechen, worauf dann auch diese Menschen sich das Neue verstandesmäßig nach seinen hervorstechendsten Merkmalen eingeprägt und dann weiterhin so gesprochen haben. – –

83 Hiermit, mein lieber Herodotos, hast Du nun in einem kurzen Abriß das Hauptsächlichste über die

Natur des Weltganzen vor Dir. Wird diese Darstellung, genau festgehalten, wirksam werden, dann glaube ich, daß einer, wenn er auch nicht bis zu allen Einzelkenntnissen vordringt, verglichen mit den übrigen Menschen, eine unvergleichliche Festigkeit dadurch gewinnen wird. Denn dieser Abriß wird von sich aus auch vieles aufhellen, was ich in meinem Hauptwerke im einzelnen behandelt habe, und er wird auch eine dauernde Gedächtnisstütze sein. Habe ich das Ganze doch so angelegt, daß auch diejenigen, die schon in Einzelfragen hinreichend oder sogar vollständig eingedrungen sind, die meisten ihrer Forschungen über das Wesen der gesamten Natur werden anstellen können, wenn sie es nur mit dem Blick auf diese Grundbegriffe tun. Alle diejenigen aber, die noch nicht zu den ganz Vollkommenen gehören, können mit Hilfe dieses Abrisses auch ohne mündlichen Vortrag in kürzester Frist den Gang durch die entscheidensten Fragen zur Erreichung ihres Seelenfriedens ausführen.

NACHBEMERKUNG

über die zugrunde liegenden Textausgaben

Die Übersetzung Kap. I. Brief an Menoikeus, II. Die Hauptlehrsätze, IV. Brief an Herodotos (Auswahl) beruht in allem Wesentlichen auf der Ausgabe: Epicuri epistulae tres et ratae sententiae edidit P. Von der Mühll, Leipzig, Teubner, 1922. – Die am Rande stehenden Paragraphenziffern sind die der Epikurbiographie in den Philosophenbiographien des Diogenes Laertios (um 200 n. Chr.) Buch X, wo die obigen Schriften im vollen Wortlaut in die Lebensbeschreibung des Philosophen eingelegt sind.

Die Übersetzungen in Kap. III beruhen für die ‚Aphorismen' auf Nummern des ‚Gnomologium Vaticanum', das ebenfalls bei Von der Mühll (S. 60ff.) steht, für die ‚Fragmente' auf dem Werk: Epicurea edidit Hermannus Usener, Leipzig, Teubner 1887.

Konkordanz der Nummern der ‚Aphorismen' und ‚Fragmente' mit den Nummern des ‚Gnomologium Vatic.' und den Fragmentnummern bei Usener:

Aphorismen

1 (9). 2 (11; Us. 487). 3 (14; Us. 204). 4 (18). 5 (23). 6 (25). 7 (29). 8 (33). 9 (34). 10 (35). 11 (37). 12 (39). 13 (51). 14 (52). 15 (53). 16 (54; Us. 220). 17 (57). 18 (60; Us. 495). 19 (65). 20 (66). 21 (68; Us. 473). 22 (70). 23 (71). 24 (74). 25 (75). 26 (77). 27 (78).

Fragmente

28 (Us. 469). 29 (478). 30 (479). 31 (488). 32 (490). 33 (512). 34 (519). 35 (525). 36 (530). 37 (537). 38 (551).